타자를 향한,
타자와 함께하는 선교

 연세신학문고 009

타자를 향한, 타자와 함께하는 선교

— 21세기 포스트모던 선교신학

방연상 지음

동연

머 리 말

21세기 서구 기독교의 선교신학이 위기에 처해 있습니다. '서구'와 '기독교'를 동일시하던 서구 기독교는 종래의 '기독교 왕국'(Christendom) 개념으로부터 빠르게 이탈하여 탈유럽화 (탈서구화) 현상을 보이고 있습니다. 이런 현상을 보더라도 기독교는 더 이상 서구교회의 전유물이 아닙니다. 유럽과 서구의 기독교 인구는 지속적으로 감소하는 반면, 아시아, 아프리카, 라틴 아메리카 등 남반부에 속한 국가들에서 기독교는 빠르게 성장하고 있습니다. 이러한 기독교의 탈서구화 현상은 기독교 신자의 구성에 있어서도 변화를 가져오고 있습니다. 일례로, 19세기 말 조선에 기독교 복음을 전했던 선교사들은 대체로 서구 기독교의 유산을 물려받은 이들로서 인종적으로는 백인, 성별로는 남성, 계층적으로는 중산층이라는 점을 그 특징으로 꼽을 수 있었습니다. 그러나 서구 기독교가 쇠퇴하고 있는 오늘날 새롭게 부상하고 있는 남반부 기독교에서는 서구 중산층 백인 남성이 아니라 비서구, 여성, 가난한 이들 사이에서 환영받는 종교가 되고 있습니다.

이것은 특별히 주목을 요하는 사실입니다. 하비 콕스는 『종교의 미래』라는 책에서 기독교의 역사를 세 단계로 구분하고 있습니다. 첫째는 '신앙의 시대'(the Age of Faith)입니다. 이 시기의 기독교는 예수의 삶과 가르침에 근거한 제자들의 공동체였고, 초기 그리스도교 공동체의 원형을 이루는 역동적 신앙의 시기였습니다. 이 시대는 기독교가 로마의 국교로 되면서 막을 내리게 됩니다. 둘째는 4세기 초부터 20세기 중반에 이르는 '믿음의 시대'(the Age of Belief)입니다. 이 시기의 기독교는 초기의 예수를 따르는 역동적인 삶의 신앙을 신조들에 대한 동의로 대체해 왔습니다. 기독교인이 된다는 것은 특정한 교리에 대한 지적인 동의를 의미하게 되었고, 이로써 기독교는 예수를 따르는 것보다 예수에 대한 믿음이 강조되는 종교로 변질되었습니다. 마지막은 20세기 후반에서 오늘에 이르는 '성령의 시대'(the Age of the Spirit)입니다. 서구 기독교가 탈서구와 탈식민화의 흐름과 더불어 세계 기독교(World Christianity)로 발전되기 시작하면서 나타난 여러 현상들을 통칭하여, 하비 콕스는 '성령의 시대'라고 부르고 있는 것입니다. 이 책에서 콕스는 '성령의 시대'에 있어 기독교 선교의 미래에 대한 내용을 다루고 있습니다. 지난 1500년에 이르는 시기는 예수에 대한 신앙적 헌신을 신조에 대한 동의로 대체해 온 긴 역사적 과정이었습니다. 이 책이 근대성에 대한 비판적 논의에서 출발하는 이유는, 서구의 근대에 해당하는 지난 500여 년의 시간이야말로 이러한 '믿음의 시대'의 기독교를 전 세계적으로 전파한 시기에 해당하기 때문입니다. 이른바 근대화의 시기입니다. 이 시기는 비유럽적 관점에서 볼 때에는 식민화의 시기이기도 합니다. 그러므로 이 책의 논의는 근대성의 전파에 따른 기독교 선교에 대한 비판적 성찰과 더불어 탈식민적 논의들을 함께 다룹니다.

이러한 서구의 근대화를 상대적으로 짧은 시기에 겪게 되었던 우리 한국에서는 개신교 선교는 곧 근대화를 의미하는 것이었고, 기독교는 '근대성' 그 자체와 동일시되어 왔습니다.

마치 서구와 기독교를 아무런 의심 없이 동일한 개념적 범주로 묶어 이해했던 것처럼, 근대성과 기독교는 서로 불가분의 관계에 있는 것으로 여겨 왔던 것입니다. 이는 단지 한국에서의 개신교 선교에만 국한된 현상만은 아닐 것입니다. 서구 기독교가 선교의 이름으로 세계 도처에 전파한 기독교는 근대성을 기반으로 한 기독교였던 것입니다. 그런데 이처럼 근대와 기독교를 동일하게 보는 이해에는 식민화의 문제가 따르게 됩니다. 다시 말해, 근대성과 기독교 그리고 식민주의라는 하나의 동일한 개념적 범주를 토대로 지난 5세기 동안의 기독교 선교가 이루어졌다는 비판이 제기되는 것입니다.

이러한 맥락에서 콕스가 말하는 '성령의 시대'는 근대성에서 벗어나려는 '탈근대'와 '탈식민'의 시대이기도 합니다. 여기서 우리는 '성령의 시대'에 마땅한 기독교 선교의 갈 길을 모색해 볼 수 있습니다. 근대 기독교가 익숙하게 여겼던 모든 가치들이 붕괴되고, 진리의 개념이 해체된 가운데, 저 멀리서 새로운 기독교가 도래하는 것을 목도하며 새 시대의 기독교를 일구는 작업이 바로 탈근대/탈식민적 기독교의 선교적 과제가 되어야 하는 것입니다.

이를 위해 먼저 1장에서는 근대성과 선교를 주제로 삼아 근대성이란 무엇이었으며, 근대적 개념이 어떻게 기독교 신앙을 포함한 근대인의 생각과 의식을 지배하게 되었는지를 살펴봅니다. 기독교 신앙 또한 시대의 산물임을 생각할 때, 근대에 속한 시기의 기독교 선교 역시 근대성의 이념을 전파하는 데 충실한 기독교였습니다. 2장에서는 근대성의 비판과 함께 대두하기 시작한 소위 '포스트모더니즘'(post-modernism)의 논의를 다룹니다. 포스트모더니즘이 서구에 한정된 비판담론에 그치는 것이 아니라 근대성의 유산을 비판적으로 극복하기 위한 많은 통찰을 제공한다는 점에서, 오늘날 우리의 선교신학을 새로운 토대 위에서 지속해 나갈 수 있도록 하는 새로운 장을 제공할 수 있을 것으로 생각됩니다. 3장은 남반부 기독교의 도래를 주제로 다룹니다. 기독교가 더 이상 서구의 전유물이 아닌 상황에서 남반부 국가들에서의 기독교 성장의 문제를 비판적으로 조명하는 것이 이 장의 목적입니다.

마지막 4장에는 근대성/식민성으로부터 벗어난 새로운 기독교 선교의 방향성을 제시하는 탈근대/탈식민의 선교에 관한 논의를 담았습니다. 탈근대/탈식민 시대의 기독교는 근대성의 이념을 전파하는 것이 아닌, '타자에 대한 윤리적 책임'을 강조하는 운동이 되어야 한다는 것이 이 장의 핵심입니다. 역사적 교리와 신조에 대한 인식론적 동의를 기독교신앙 자체와 동일시하는 서구의 근대 기독교 전통은 열강의 제국주의적 지배를 정당화하고 식민 지배를 지속시키는 논리적 근거로 작용했습니다. 2차 세계대전 이후 비서구 국가들에서의 탈식민적인 열망이 터져 나오면서 서구 기독교의 기득권이 급속하게 와해되고 탈식민적이며 토착적인 기독교의 운동들이 전개되기 시작하였는데, 이러한 경향이야말로 서구 근대 기독교의 폐해를 극복하기 위한 새로운 기독교 선교의 가능성을 제공한다고 보았습니다. 특히 신자유주의적 경제 질서가 세계를 하나의 거대한 자본의 식민지로 전락시키고 있는 상황에서, 탈근대/탈식민 시대의 선교가 신자유주의 경제 질서에 대한 저항으로 자리매김해야 할 필요성을 주장하는 목소리에 무게를 실었습니다.

이상의 내용은 연세대학교 연합신학대학원과 대학원에서 지난 수년에 걸쳐 개설된 세미나 과목들—〈선교와 윤리〉, 〈포스트모던/탈식민신학 세미나〉, 〈신학과 문화연구〉 등—에서 다룬 주제들을 교양도서의 취지에 맞도록 쉽게 정리한 것입니다. 대학원에서 개설된 모든 세미나 과목에 조교로 참석한 박사과정의 신용구 씨와 홍정호 씨는 제자이자 대화의 파트너로서 서로 많은 영감을 주고받았을 뿐만 아니라, 이 책이 세상에 나오기까지 강의록을 정리하는 등의 큰 수고를 아끼지 않았습니다. 또한 자유로운 토론에 적극적으로 참여하여 세미나에 활기를 더해 준 연세대학교 연합신학대학원과 대학원의 모든 학생들 역시 이 책의 출판에 큰 기여를 하였습니다. 모두에게 고마운 마음을 전하며, 강의실 안과 밖에서의 더 많은 대화와 토론을 통해 서로의 지적인 성장에 기여할 수 있기를 바랍니다. 끝으로, 연세신학문고의 출판을 맡아 수고해 주신 연세대학교 기독교문화연구소의 관계자 여러분께도 깊은 감사의 인사를 전합니다. 이 작은 책이 선교신학의 쇄신과 발전에 부분적으로나마 기여할 수 있다면 이에 더 큰 보람과 기쁨이 없겠습니다.

2016년 1월 연희동 연구실에서

방연상

차 례

머리말 / 5

1장_ 근대성과 선교　　　　　　　　　　　　　　　　　　　15

　1. 근대 신학의 두 갈래
　2. 근대성이란 무엇인가?
　3. 근대성의 지배와 선교신학
　4. 근대성과 선교신학

2장_ 근대성에 대한 반성　　　　　　　　　　　　　　　　　51

　1. 포스트모더니즘이란 무엇인가?
　2. 포스트모더니즘과 탈근대적 선교신학의 과제

3장_ 남반부 기독교 시대의 세계 기독교　　　　　　　　　　81

　1. 순례와 번역으로서의 기독교 선교
　2. 남반부 기독교의 현재와 전망
　3. 기독교 선교신학 패러다임의 전환
　4. 주체와 권위에 대한 새로운 질문
　5. 진리 개념의 해체와 선교
　6. 21세기 선교와 중심성의 포기

4장_ 21세기를 위한 새로운 선교　　　　　　　　　111

  1. 정체성의 평화적 공존
  2. 타자에 대한 윤리적 책임
  3. 우정과 환대의 선교
  4. 시장의 자유를 넘어선 하나님 나라의 자유

5장_ 맺음말　　　　　　　　　　　　　　　　　　149

연세신학문고 / 159

1장

근대성과 선교

오늘날 우리는 근대화된 세계에 살고 있습니다. 과학적 합리성에 뿌리내린 이성(reason)에 대한 신뢰를 바탕으로 한 사회의 모든 제도와 가치규범이 생활세계 전반에 걸쳐 현대인의 삶에 영향을 미치고 있습니다. 이러한 세계가 오늘 우리가 살고 있는 세계입니다. 현대인들은 이성적 사고와 합리적 행위를 통해 타자와 관계를 맺으며 사회의 복잡한 관계망을 구축해 가고 있습니다. 이성과 합리성의 가치를 부정한다 할지라도 여기에서 벗어날 수 있는 현대인은 존재할 수 없습니다. 즉, 현대인이라면 누구든지 자신의 의지와 상관없이 근대화된 세계 안에서 자신을 자리매김하고 살아갈 것이 요구되고 있는 것입니다.

근대화는 여러 가지 장점을 지닙니다. 우리가 누리고 있는 대부분의 생활의 편리함은 과학기술의 발전에 따른 결과물이며, 이는 과학적 합리성을 최고의 가치로 여겨 온 근대적 가치가 과학기술 분야뿐만 아니라 교육, 의료, 행정 같은 일상생활 전반에 걸쳐 구현된 결과라고도 말할 수 있습니다. 실제로 근대화는 전후 한국 사회의 중요한 발전의 과제이자 목표였기에, 한국 사회는 모든 영역에서 근대적 합리성을 추구하며 전근대적 비합리성을 제거하기 위해 끊임없이 노력했습니다. 오늘날 한국 사회에 근대적 합리성의 체계가 안정적으로 뿌리를 내렸는지에 대한 인문사회학적 논의가 이루어지고 있지만, 여전히 어떤 영역에 있어서는 이성적 사고에 의한 근대적 합리성의 추구가 여전히 소원한 과제로 남아있는 경우도 있습니다. 이러한 점에서 근대화는 아직 미완의 과제로 남아 있다고 해야 할 것입니다.

우리 사회에서 근대화가 여전히 미완의 과제로 남아 있는 영역 가운데 하나가 바로 신학과 교회입니다. 근대적 체계 안에서 형성된 서구 신학은 교회를 통해 기독교인들의 신앙과 삶의 의식 속에 깊이 뿌리내리고 있습니다. 이것은 생각하는 개인의 자율성을 바탕으로 한 이성과 합리성의 추구 및 개인의 자유에 대한 중시를 특징으로 하는 신학적 경향성과 깊은 관련을 맺고 있습니다. 이런 경향은 역사적으로 근대적 체계에서 서구 신학의 극단적인 두 형태로 나타나게 되었는데, 한 극단은 근본주의 신학(fundamental theology)이며, 또 다른 극단은 자유주의 신학(liberal theology)입니다.

근본주의 신학은 자유주의 신학이 근대화에 경도되어 기독교신학을 오염시켰다고 비판하고 반대로 자유주의 신학은 근본주의 신학이 전통만을 고수하느라 의미 있는 영향력을 잃어버렸다고 비판해 왔기 때문에, 이 두 신학을 모두 근대성의 결과와 관련지어 언급하는 것은 얼핏 생소하게 보일 수 있습니다. 한국 신학에 있어서도 근본주의 신학과 자유주의 신학은 소위 그 관심의 영역을 달리하며 보수/진보의 대결적 구도를 형성하고 있고, 사회적 의제들에 대한 의견도 서로 다른 경우가 대부분입니다. 그러나 이러한 현상적인 특징들의 이면에는 근본주의 신학과 자유주의 신학이 공유하고 있는 근대성의 토대가 놓여 있습니다. 과학적 사고(scientific thought)에 대한 전적인 확신이 바로 그것입니다. 물론 자유주의 신학은 과학적 사고에 대한 성찰 자체를 포함하고 있다는 점에서 근본주의 신학에 비해 근대성의 이념에 보다 충실한 신학적 사고를 하고 있다고 볼 수 있습니다. 하지만 두 신학 모두 이성중심주의(logocentrism)를 기반으로 삼는다는 점에서는 근대성의 토대를 공유하고 있다고 보아야 할 것입니다.

1. 근대 신학의 두 갈래

교회 밖에서는 이미 근대화 이후의 관점에서 근대성을 비판하고 극복해야 할 대상으로 보고 있지만, 교회 안에서는 여전히 근대화 이전의 관점에서 근대성을 달성하는 것이 절실한 과제로 남아 있습니다. 이것은 성경 문자주의에 대한 사례에서 한 예를 찾아볼 수 있습니다. 성경의 권위는 자구字句에 대한 문자적 신봉에서 나오는 것이 아닙니다. 이는 오히려 성경의 권위를 훼손하는 결과를 초래합니다. 성경에 대한 문자적 해석에만 의존할 때, 구약성경에 나오는 수많은 전쟁과 살육이 신의 이름으로 정당화되기 때문입니다. 다시 말해 여성차별, 노예제도, 동성애 혐오, 인종차별 등과 같은 도무지 받아들일 수 없는 전근대적인 사회제도와 가치관들이 성경에 근거를 둔 진리인 것처럼 옹호되고 정당화됩니다. 이 때문에 일부 급진적 무신론자들은 기독교 신앙과 신학을 비판적 사유에 미치지 못하는 하나의 신화적 신념 체계에 불과하다고 여기기도 합니다. 이렇듯 성경에 대한 문자적 신봉은 오히려 현대 사회에서 기독교 선교의 큰 걸림돌이 되고 있습니다.

권위주의적 비합리성을 토대로 운영되고 있는 교회 또한 이러한 점에서 근대화의 노력이 절실히 필요한 영역이라고 할 수 있습니다. 한국교회를 대표하는 것처럼 언론에 보도되는 교회들에서는 여전히 전근대적인 신념이 참된 신앙의 기준으로 맹신됩니다. 신앙적 가치관에 충실한 삶과는 거리가 먼 일들이 종종 신앙의 이름으로 아무런 부끄럼 없이 벌어집니다. 동시대의 사람들이 공유하고 있는 상식 수준에도 미치지 못하는 사건들이 교회구성원들 다수의 암묵적이거나 심지어 적극적인 동의하에 일어나기도 합니다. 일종의 '내부적 합리성'에 기인한 논리로 공적인 영역에서의 합리성의 기준을 일거에 초월해 버리는 것입니다. 대형교회의 목회직 세습과 교단지도자들의 금권선거, 그리고 목회자의 권위주의적 태도 등은 이러한 전근대적인 비합리성의 전형적인 사례들이라 할 수 있습니다.

그러나 근본주의 신학과 비합리적 교회운영의 폐해는 단순히 일부 교회들의 돌출적 행위로 치부할 수 있는 것만은 아닙니다. 심지어 '저것은 기독교가 아니'라고 비난하는 것으로 덮을 수 있는 것도 아닙니다. 왜냐하면 오늘날 우리에게 익숙한 기독교 신학은 보수와 진보의 입장을 막론하고 '근대성'이라는 하나의 거대한 이념에 뿌리내리고 있고, 과학적 합리성을 신학의 방법론으로 삼고 있다는 점에서 서로 다르지 않기 때문입니다.

예컨대 성경 무오설을 주장하는 근본주의 신학은 성경의 기록들이 문자적으로 옳다는 것을 (과학적으로) 증명하기 위한 많은 노력을 기울입니다. 이들은 과학자들—그들을 이렇게 부르는 것이 가능하다면—을 동원하여 성경의 기록이 과학적으로 틀림없다는 것을 증명하려고 합니다. 그러나 이것은 성경을 연구하는데 있어서 비평적 관점을 수용하지 않기 때문에 가능한 시도입니다. 성경무오설에 입각한 이들이 볼 때 비평적 관점의 수용은 인간의 제한적 이성으로 무한하신 하나님의 말씀을 해석하겠다는 오만한 시도에 다름 아닙니다. 그렇기 때문에 이들은 성경의 말씀을 문자적으로 믿고 따르는 것이야말로 신앙적인 표준에 부합하는 행위라고 믿습니다. 그렇기 때문에 성경에 대한 비평적 관점을 거부하고 무오설을 주장하는 것은 곧 신앙과 교리에 대한 '근본적인 진리'를 수호하는 것이 되고, 이것이 곧 신실한 믿음의 행위로 비춰지게 되는 것입니다. 그러나 성경의 말씀을 문자적 진리로 수호하려는 이러한 노력이야말로 과학적 사고를 하나님의 말씀보다 우선적 권위로 인정하는 자기모순적인 측면을 지니고 있습니다. 하나님의 말씀 그 자체라고 믿는 성경을 '과학적으로' 틀림없음을 증명함으로써 하나님의 말씀의 권위를 과학적 사고의 권위 아래 종속시키고 있기 때문입니다. 이들의 신념에 따르면 모름지기 하나님의 말씀이라면 '과학적으로' 증명이 되어야 마땅하다는 것입니다. 그러나 천지창조가 '과학적' 사실이라고 주장하는 이들의 목소리를 따라가다 보면 우주만물을 창조하시고 주관하시는 하나님이 아니라 과학의 증명가능성을 통해 입증된 하나님만이 믿음의 대상으로 승인되는 것입니다. 이것은 근본주의가 겉으로는 신실한 믿음을 표방하고 있지만 실상은 우상숭배적인 측면을 지니고 있기 때문입니다. 그들은 자신들이 그토록 혐오하는 '인간의 제한적 이성'을 통한 과학적 사고를 오히려 하나님의 말씀의 권위 그 자체보다도 우선적으로 여기고 있다는 점에서 근대적 패러다임에 속한 신학적 사고의 한 극단을 보여주고 있습니다.

한편 근본주의 신학과는 정반대에 서 있는 듯 보이는 자유주의 신학 역시 근대성의 한 극단에 있다고 할 수 있습니다. 성경 무오설을 직접적으로 비판하고 있는 신약성서 연구자들의 한 그룹인 '예수 세미나'는 신약성서 학자들의 투표를 통해 복음서에 기록된 예수의 말씀의 진위여부를 판가름하는 것으로 유명해졌습니다. 이것 또한 한마디로 과학적 합리성이라는 근대성의 잣대를 통해 복음서 전체의 '쓸모'를 판가름하겠다는 무모한 시도에 다름 아닙니다. 성서 비평 전문가들의 집단인 그들의 선택이 옳다고 할지라도, 그것은 결코 성경에 대한 '하나의' 관점 이상을 넘어 '쓸모' 그 자체를 판단하는 근거로 활용될 수는 없을 것입니다. 왜냐하면 '과학적 합리성'이라는 것은 '합리성'의 근대적 형태에 다름 아닌 것이기 때문이다. 따라서 자유주의 신학의 한 극단이라 할 수 있는 '예수 세미나' 역시 근대적 패러다임에 속한 신학적 사고임을 알 수 있습니다. 차이가 있다면, 성경 무오설을 주장하는 이들이 과학적 사고를 '은연중에' 신봉하는 반면, 극단적인 자유주의 신학은 이를 '노골적으로' 신봉한다는 점이 다를 뿐입니다. 근대적 이성의 양극단을 축으로 하는 신학을 포함한 지금까지의 모든 신학은 '과학적 합리성'이라는 굳건한 토대 위에 사상적 뿌리를 내리고 있다는 점에서 근대 신학, 혹은 근대성의 체계에 뿌리내리고 있는 신학이라고 할 수 있을 것입니다. 이는 앞서 언급한 것처럼, 현대인이라면 누구든지, 자신의 동의여부와 상관없이, 근대적 사고의 제도와 틀 속에 자신을 집어넣은 채 생활할 수밖에 없는 현실이라는 것입니다.

이처럼 얼핏 보기에 서로 대립되는 것처럼 보이는 근본주의 신학과 자유주의 신학 모두가 '과학적 합리성'이라는 근대성을 뿌리로 한다는 점에서 근대성의 영향이 참으로 지대하다는 것을 다시금 알게 됩니다. 그렇다면 합리성을 바탕으로 하는 이 근대성이란 과연 무엇인가요?

우리는 여러 가지 형태의 '합리적' 사고를 생각할 수 있습니다. 흔히, 신화적 사고가 과학적 사고에 대비되는 것이라고 생각하지만, 신화는 과학에 대비되는 것이 아니라 그 세계 속에서 통용되던 '합리적' 사고의 한 형태라고 할 수 있습니다. 비록 그것이 오늘날 근대 과학의 출현 이후 형성된 '수학적 명증성'이라는 측면에서의 '합리적' 사고는 아니라 할지라도, 신화 역시 그 나름의 '합리적' 사고의 체계를 포함하고 있다고 보아야 합니다. 이것은 『계몽의 변증법』에서 서구의 근대적 합리성에 대한 본격적인 비판을 전개한 아도르노(Theodor W. Adorno)와 호르크하이머(Max Horkheimer)를 비롯한 독일의 프랑크푸르트학파에 속한 이들의 주된 견해이기도 합니다.

2. 근대성이란 무엇인가?

근대성(modernity)은 포괄적인 개념입니다. 근대성은 대체로 16세기의 르네상스 인문주의적 전통과 과학혁명 그리고 세계경제의 출현과 더불어 가속화되어 온 세계의 질서를 의미하는 용어로서 17세기 이후로 본격화된 서구세계의 정신과 문명 일반을 일컫는 말로 폭넓게 정의내릴 수 있습니다. 서양의 중세와 르네상스 시기를 거치면서 형성된 근대의 정신은 이성주의와 계몽주의적 사고의 패러다임을 형성하면서 오늘날 현대 세계의 일상적 가치판단의 내용을 구성하고 있습니다.

근대성의 출현에 관한 여러 관점에서의 논의가 있지만, 여기에서는 르네 데카르트(René Descartes, 1596-1650)의 코기토의 사유를 중심으로 한 근대성의 출현의 문제를 다루고자 합니다. 무엇보다 근대는 데카르트의 철저한 방법론적 회의를 원리로 한 '과학적 사고'의 출현과 함께 등장했습니다. 데카르트는 인간의 지성에서 전통적 권위와 믿음에 근거한 지식을 제거하고, 오직 이성적 사유의 확실성에 근거한 지식만을 참된 것으로 인정했습니다. 그는 종래의 모든 학문이 지적인 확실성을 담보하지 못한다고 생각했기 때문에 이전의 모든 인문학적 전통과의 급진적인 단절을 주장하게 되었습니다. 이것이 데카르트가 그의 유명한 명제인 "Cogito ergo sum(나는 생각한다. 고로 존재한다)"을 정립하게 된 계기입니다.

데카르트는 전통적인 권위나 인습적 지식에 근거한 판단을 신뢰하지 않고, 생각하는 주체의 명증적이고 확실한 사유의 토대 위에서 변함없는 진리를 발견하기 위해 노력했습니다. 그는 『정신지도를 위한 규칙』이라는 책에서, 생각하는 주체의 자율성에 근거한 네 가지의 핵심적인 방법적 규칙—명증성의 규칙, 분해의 규칙, 합성의 규칙, 열거의 규칙―에 대해 설명하고 있습니다. 이에 따르면 지적인 탐구의 대상이 될 만한 가치가 있는 것은 무엇보다도 "확실하고 의심할 수 없는 인식을 족히 얻어낼 수 있다고 여겨지는 대상(제2규칙)"에 한정됩니다. 이것이 의미하는 것은 무엇일까요? 데카르트의 인식론적 방법론에 의하면, 보이지 않는 신에 대한 담론인 '신학'(theology)은 아예 연구의 대상에도 속하지 못한다는 것을 의미합니다. 신학뿐만이 아닙니다. 문학과 예술과 철학 등 소위 인문학과 예술분야에 속한―이렇게 분야를 세분화하는 것도 데카르트적 방법론의 영향이겠지만― 탐구들은 그 확실성을 담보할 수 없기 때문에 진정한 '앎'의 영역에서는 제외되는 것이라고 할 수 있습니다. 데카르트는 이렇게 생각하는 주체의 연구대상을 확실한 인식이 가능한 대상에 한정시킴으로써 근대적 의미에서의 '앎'을 새로운 토대 위에 정초시키는 역할을 하게 된 것입니다.

여기에서 핵심적인 것은 수학의 역할이었습니다. 데카르트는 수학적 지식이야말로 진정한 '앎'에 해당되는 것이라고 생각했습니다. 즉 진정한 학문은 수학적 공리(axiom)의 성격을 띤 것으로 이해됩니다. 공리란 별도의 증명 과정 없이 바르다고 인정되는 자명한 명제를 의미합니다. 즉, 조건 없이 전제된 명제이며, 논리학에서 말하는 무증명명제(無證明命題)에 해당하는 것입니다. 그것이 토대가 되어 다른 연구를 진행할 수 있도록 해 주는 자명한 진리의 존재, 그것이 바로 데카르트의 방법론적 회의를 통한 사유가 추구한 근대적 지식의 내용이었으며, 따라서 진정한 학문은 수학적 진리의 성격을 띤 것이어야 했습니다.

이는 다시 말하면, 숫자로 환원될 수 있는 형태의 지식, 곧 계산가능성(calculability)을 염두에 둔 지식만이 '앎'으로서의 가치와 효용성을 지닐 수 있음을 의미하는 것이기도 합니다. 숫자로 환원될 수 있는 종류의 객관화된 대상만이 지식으로의 가치를 지니며, 지적 탐구의 대상이 될 수 있는 것입니다. 이는 곧 숫자로 환원이 불가능한 종류의 지식에 대한 배제의 논리로 작동합니다. 이것은 자본주의적 시스템의 발전과도 긴밀한 관련성을 맺고 있는데, 모든 사물의 가치를 교환가치로 자리매김하려는 자본주의적 환금성의 논리가 뿌리내리고 있는 철학적 배경에는 바로 이러한 데카르트적 사유의 명증성이 있기 때문입니다. 그러므로 데카르트의 사유 이후로 수학적 지식은 지식의 절대적 권위를 지닌 것으로서, 이후 근대가 과학발전의 시기였음을 설명하는 중요한 계기를 마련합니다.

이처럼 근대성이란 합리적 사고를 통해 객관화할 수 있고 숫자로 환원시킬 수 있는 것만을 그 대상으로 삼는다는 점에서 '과학적 합리성'으로 모든 것을 재단하는 시대정신을 표방하고 있다고 볼 수 있을 것입니다. 그렇다면 이러한 시대정신 속에서 과연 신학은 자유로웠을까요?

3. 근대성의 지배와 선교신학

근대적 인식론의 토대를 이루는 과학적 사고는 생활의 전 영역에 걸쳐 그 영향력을 끼치고 있습니다. 사물의 가치에 대한 숫자화와 더불어 지식의 분화와 전문화에 따른 효율성의 추구에 이르기까지, 근대 계몽주의가 추구해 온 과학적 사고의 합리성은 오늘 우리가 살고 있는 세계의 전 영역에 걸쳐 하나의 '표준'을 형성하며, 미시적 차원에서 삶이 작동되는 (근대적) 원리를 형성하고 있는 것입니다. 다시 말해, 근대 계몽주의적 이성이 추구해온 과학적 합리성에 입각한 사고만을 합리성의 '표준'으로 받아들이고 있는 현실은 지난 4세기 동안 지속되어 온 근대성의 지배가 얼마나 공고한 것인지를 단적으로 보여주고 있다 할 것입니다. 일례로, 근대성의 지배가 근대성에 대한 비판담론의 경우에도 예외가 아니라는 것이 철저한 근대성의 현실입니다. 근대성의 한계를 비판적으로 성찰하는 학술담론들 역시 지식의 전형적인 근대적 가공형식인 '학술논문'의 외형을 취하지 않고서는 (제도화된 학술공동체 안에서) 그 가치와 효용성을 인정받기 어려운 상황이라는 점이 이를 잘 드러냅니다. '논문'이야말로 근대적 사고의 전형적 폭력성을 적나라하게 드러내 주고 있는 지식의 근대적 제도화의 산물임에도 불구하고, 근대성을 비판하는 지적 담론조차도 '논문'의 외형을 취해야한다는 것은 하나의 아이러니가 아닐 수 없습니다. 근대성을 비판하기 위해서는 근대성을 통과해야만 하는 것입니다.

근대는 수학적 공리에 기초한 과학적 합리성이 모든 종류의 지적 합리성을 압도한 시대였습니다. 과학적 지식은 인식론적 특권을 부여받았습니다. 신학 또한 근대적 학문의 제도 속에서 여타의 모든 학문들이 그러한 것처럼 '과학'이 될 것을 요청받고 있습니다. 과학적 합리성을 기초로 삼는 대학교육 제도 안에서는 신에 대한 사유조차 수학적 공리의 성격을 지닌 말과 글로 드러나야 합니다. 대학 안에서 학자의 지적 능력은 철저하게 '과학적' 기준으로 평가 받습니다. 여기에서 자유로울 수 있는 현대인은 없습니다. 게다가 신자유주의적 경제 질서가 자본주의적 환금성의 신화를 가속화하여 신학적 지식의 '과학화'를 더욱 부추기고 있습니다. 말하자면, 신학과 문학, 철학과 윤리를 비롯한 모든 형태의 인문학적 지식이 '과학적 지식'의 형태를 갖춰야 인정을 받을 수 있는 체계 속에서 오늘의 신학은 근대적 지식의 주변부로 밀려나게 되었고, 이것은 어쩌면 '신학의 죽음'을 의미하는 것일지도 모르겠습니다.

근대적 지식이 '신학의 죽음'을 의미한다고 주장하는 것은 전통적인 인문학에서 중시되어 온 시학(poetics)과 수사학(rhetoric)에 대한 억압을 통해 이러한 언어적 매개가 배제된 간결한 형태의 지식을 추구해 온 과학적 탐구의 과정과 깊은 관련이 있습니다. 이러한 과학적 합리성을 신학연구에서 극단적으로 추구하게 되면 신학은 아예 수식의 나열이 되어야 할 것입니다. 신학이 언어적 매개의 불투명성을 감수하는 것이 아니라 수학적 공리를 나열해야만 참다운 신'학'이 될 수 있을 것이라는 믿음이 바로 이러한 근대 과학적 합리성의 한 극단적 예시가 될 것이기 때문입니다. 이렇듯 근대성의 지적 패러다임에서 신학이 자리 잡을 곳은 사실상 없다는 점에서 근대 신학은 반(反) 신학이거나 무(無) 신학, 혹은 사신(死神) 신학적 특징을 지니고 있습니다.

오늘날 신학은 이러한 근대성의 그물망을 벗어날 수 없습니다. 위에서 살폈듯이 근본주의 신학과 자유주의 신학으로 대별되는 신학의 두 흐름 또한 철저하게 이러한 근대성에 토대를 둔 것이었기 때문입니다. 그러나 이러한 근대성의 지배는 신학에 있어서 결국 '신학의 종말(the end of theology)'에 대한 논의로 귀결됩니다. 근대의 계몽주의적 합리성에 대한 지적 회의가 20세기의 사상사적 흐름의 중심적 위치를 차지하게 됨으로써 근대성에 뿌리내리고 있던 신학적 논의도 위기에 직면하게 되었기 때문입니다. 그간의 신학이 근대적 체계에 접붙이기 위하여 과학적 사고를 적극적으로 수용한 근대적 신학이었다면, 이제 새롭게 제기된 근대성에 대한 지적인 도전과 회의는 '근대적 신학의 종말' 함께 다시금 신학이 새로운 변화의 요청 앞에 직면해 있다는 사실을 일깨워 주고 있습니다.

이러한 도전에 직면해서 선교신학은 이러한 근대성의 붕괴 이후의 새로운 신학의 가능성으로서 우리에게 탈근대적 신학의 장소를 마련해 줄 수 있습니다. 다시 말해, 근대적 신(학)의 종언 이후에 새로운 신학적 사유와 실천의 자리가 '선교신학'이 될 수 있다는 말입니다. 그 이유는 다음 장에 걸쳐 자세히 살펴보겠지만, 선교신학이야말로 주체중심적 사유의 포기를 통한 타자성의 사유를 신학화할 것을 중심적인 과제로 삼고 있기 때문입니다.

기독교선교는 지난 역사적 과정에서 지속적으로 경계를 넘어가 새로운 현장에 예수 그리스도의 복음을 정착시켜 그 복음의 의미를 새롭게 정립하며 발전해 왔습니다. 기독교의 역사적 다양성을 설명하기 위해서 영국의 선교학자 앤드류 월스(Andrew F. Walls)는 재미있는 비유를 하나 들었습니다. "만약 외계인이 있어서 기독교의 역사적 발전 단계마다 지구를 찾아온다면, (외계인이 발전 단계마다 봤던 기독교가 사실 하나의)

같은 종교라는 것을 결코 알 수 없을 것이다." 이는 기독교가 하나의 개념적 동일성에 의해 파악될 수 있는 대문자 기독교(Christianity)가 아니라, 역사의 발전 단계마다 그 지역의 특수한 상황에 응답하면서 발전해 온 서로 다른 형태의 소문자 기독교들(christianities)이라는 점을 시사합니다.

선교는 이러한 '기독교들'의 역사에 있어 언제나 가장 급진적인 경계 넘기를 실천함으로써 기독교 담론의 영역을 외부로 확장하는 데 선도적인 역할을 담당해 왔습니다. 오늘날 근대성의 패러다임에 입각한 신학 전반이 심각한 위기에 직면해 있는 상황에서 선교신학은 다시 한 번 경계 넘기를 수행해야 합니다. 이를 위해서는 무엇보다 근대성의 체계 내에서 선교신학이 수행해 온 역할에 대한 철저한 반성과 비판이 선행되어야 할 것입니다. 주지하다시피, 기독교의 선교는 16세기 이후 형성된 유럽의 근대성의 확산과 함께 전 세계적 종교로 발돋움하게 되었습니다. 이 시기는 유럽이 라틴아메리카와 아프리카, 아시아를 식민지로 삼아 온 식민제국주의 시대와 그 맥락을 같이하고 있습니다. '위대한 세기(The Great Century)'에 이르러 절정에 이른 기독교 선교는 소수의 예외적인 경우를 제외하고는 식민제국주의의 확산에 적극적으로 동조하거나 최소한 이를 묵인함으로써 지속되어 왔습니다. 그러나 주의해야 할 것은 이것이 선교사들의 개인적인 헌신 그 자체를 비난하는 논리가 되어서는 안 된다는 점입니다.

기독교 선교사들이 유럽의 문화적 우월성을 바탕으로 비서구세계의 문명화를 사명으로 여긴 것은 사실이지만, 여기서 비판해야 할 점은 선교사들의 신앙적 순수성과 열심이 아니라 보다 근원적으로 그들이 속해 있던 유럽적 세계관입니다. 우리의 비판은 보다 근원적인 지점에 이르러야 하는데, 그것은 곧 그들이 속한 세계관에 대한 비판을 본격화하는 것입니다. 식민제국주의적 지배에 (결과적으로) 동조한 선교사들의 잘못이 있다고 한다면, 그것은 특정한 세계관에 대한 비판적 거리를 유지하지 못한 채 세속적 세계관 그 자체를 복음과 동일시했다는 점이라고 해야 할 것입니다. 이것은 마치 우리가 오늘날 신자유주의적 시장질서가 지배하는 자본주의 사회 속에 살아가면서 무의식적으로 행하고 있는 잘못들과 그 맥락을 같이하는 것이라고 이해할 수 있을 것입니다. 한국의 선교사들 역시 아시아와 아프리카의 저개발국가들의 시민을 대상으로 서구 근대성의 패러다임의 한 형태인 계몽주의적 선교를 지속해 오고 있습니다. 선교 활동은 귀한 일이고, 필요한 사업입니다. 그러나 한국의 선교사들은 서구의 선교사들이 저지른 식민주의적 문명화와 계몽의 열정이라는 실수를 반복하지 않도록 매우 신중해야 합니다. 병원을 세우고, 학교를 지어주면서 저개발국가들에 서구식 근대화의 초석을 놓는 동안, 그들의 생각과 몸을 '돌이킬 수 없이' 서구적 시각에서 표준화할 우려를 안고 있기 때문에 그렇습니다.

유럽의 근대성을 이해하려면 라틴 아메리카와 아프리카의 식민성을 함께 이해해야 합니다. 식민성을 배제하고 근대성을 이해하려는 것은 유럽 중심적 시각을 대변하는 것에 지나지 않습니다. 유럽의 근대성이 출현할 수 있었던 물적 토대는 라틴 아메리카로부터의 자원의 착취와 아프리카로부터의 노예무역에 의한 자본의 축적이 있었기에 가능한 일이었다는 점을 기억해야 합니다. 이것은 유럽이 근대화와 더불어 식민화를 병행하지 않을 수 없었던 주된 이유 가운데 하나입니다. 선교는 바로 이러한 근대화/식민화의 과정에서 예수 그리스도의 복음을 '온 세상'에 전파하는 일로 여겨졌습니다. 그러나 오늘에 이르러 우리의 반성은 과연 그 복음이 '온 세상'을 위한 것이었는가 하는 것입니다. 그것은 오히려 서구, 백인, 남성, 중산층을 위한 복음이 아니었는지를 물어야 하는 것입니다.

4. 근대성과 선교신학

그렇다면 근대성에 뿌리내린 선교신학의 특징은 무엇입니까?

근대선교신학은 위에서 언급한 바, 이성의 시대, 과학적/수학적 합리성에 근거한 시대의 특징을 고스란히 안고 있습니다. 근대의 선교운동은 선교의 주체와 대상을 구분합니다. 이것은 유럽 근대성의 태동에 결정적으로 기여한 데카르트의 '코기토' 사유가 주체와 대상을 구분하는 것에서 유래합니다. 선교의 주체는 진리를 소유하고 있고, 선교의 대상은 그 진리를 전달받아야 한다는 사상이 그것입니다. 이것은 단순히 복음을 전하는 문제의 차원을 넘어 유럽 중심적 이념의 전파와 관련이 있는 것입니다.

앤드류 월스(Andrew F. Walls)는 복음이 전파되는 곳마다 복음에 대한 새로운 이해가 싹튼다고 말한 바 있습니다. 기독교는 돌아가야 할 하나의 고향이 존재하지 않습니다. 기독교는 복음이 전파되는 곳에 뿌리를 내리고, 항상 그곳을 새로운 고향으로 삼는 순례의 종교입니다. 영원한 고향이 없는 순례자를 상징하는 "본토 친척 아비의 집을 떠나는" 아브라함의 여행은 기독교 선교의 성격을 잘 드러내 줍니다. 이처럼 복음은 특정한 역사적 해석에 근거하여 절대화될 수 없다는 특징을 지니고 있습니다.

그러나 근대에 이르러 객관적 지식을 추구한 학문은 신학과 선교에 있어서도 객관적인 지식이 지닌 권위를 중시하게 되었습니다. 삶의 장소와 경험과 관련된 복음전파의 특이성(singularity)이 근대의 객관주의적 지식에 근거한 선교신학에 의해 삭제된 채, 기독교의 절대적 이념을 전파하기 위한 열심에 초점을 맞춰 진행된 것이 근대 선교의 특징이라고 할 수 있습니다. 주의해야 할 것은 이러한 지적이 근대 선교의 무용성을 주장하는 것과는 관련이 없다는 사실입니다. 근대 선교는 유럽적 근대성이 과학의 발전을 통해 이룩한 결실들을 보편적 견지에서 세계인과 공유한다는 점에서 유익한 면이 있습니다.

그러나 그 폐해 역시 '부수적인 것'에 그치지 않습니다. 근대성의 빛이 밝을수록, 그림자도 짙기 때문입니다.

근대성의 체계를 비판적으로 성찰하는 것은, 제국주의 국가의 선교에 가담하여 식민주의적 정책을 수행한 선교사 개인에게 맞춰진 비난의 초점을 유럽적 근대성이라는 보다 큰 틀에서 조망함으로써, 선교사 개인에 대한 비난을 넘어 이를 하나의 시대적 패러다임으로 이해하고 반성하자는 데 뜻이 있습니다. 이는 서구 교회의 영향을 받아 성장한 오늘의 한국교회의 선교신학이 서구의 근대적 선교신학의 패러다임을 무비판적으로 답습하는 과정에서 생겨날지도 모르는 과오를 예방하자는 목적이지, 근대 선교 무용론을 주장하는 것과는 거리가 있습니다. 근대성과 근대성에 기댄 신학을 비판하는 주된 목적은, 근대성에 뿌리내린 과학만능주의, 물질만능주의, 식민화의 문제를 극복하여 선교를 보다 건강한 토대 위에서 지속가능하도록 만드는 것입니다.

근대성의 출현에 계기를 마련한 데카르트 철학에서 생각하는 자아의 주체성은 사유의 대상(object)을 필요로 했습니다. 그래서 주체의 사유에 대상을 종속시켰습니다. 데카르트적 인식론에서 대상은 언제나 주체의 인식의 범주 안으로 수렴될 때에만 명증적으로 인식되기 때문입니다. 그러므로 주체가 타자의 '타자성'을 억압하고, 자기에 관한 의식으로 타자성을 환원시키는 방식은 근대성의 패러다임에서는 불가피한 사유의 결과이며, 이것은 인간을 넘어 자연 전체를 대상화하며 과학적 사유에 의한 지배와 통제를 구체화하는 계기를 마련해 온 것이라고 할 수 있습니다. 복음의 전파라는 미명아래 수행된 근대 선교는 이러한 근대성의 패러다임이 내포하고 있는 타자화와 대상화의 폭력성을 지닌 것이며, 이로써 근대 선교신학은 유럽의 백인 중산층 남성이라는 지역적 인종적 계급적 성별적 특징을 보편성의 잣대로 마련해 온 시기에 다름 아니었던 것입니다.

선교신학에 있어 가장 많이 인용되고 있는 선교신학자 가운데 한 사람인 데이비드 보쉬(David J. Bosch) 또한 선교와 근대적 식민주의의 관련성을 지적하고 있습니다. 그는 선교와 식민사업과의 분명한 연관성에 대해 언급하면서 "활발한 식민주의 시대의 도래와 함께 식민 사업에 선교기관들이 개입하는 데 대하여 어떤 의심도 없었다"고 말하고 있습니다. 심지어 "높은 제국주의와 높은 선교적인 발전들 사이의 평행점들이 더욱 명백하게 되었다"는 사실을 지적하면서, 제국주의 국가일수록 선교에 대한 높은 관심을 지녔음을 지적하고 있습니다. 이것은 근대성이 유럽의 일상적 가치로 자리매김한 시점에서 기독교의 전파가 유럽의 식민화와 함께 진행되었고, 식민화가 가속화될수록 선교는 더욱 더 성공적이 되었다는 역사적 경험에서 비롯된 통찰을 제공하고 있는 것입니다.

뿐만 아니라 근대적 체계의 작동원리라고 할 수 있는 식민주의에 대한 선교사들의 개인적인 신념 역시 근대 선교의 추동력으로 작용했습니다. 보쉬에 따르면, 선교사들은 대체로 식민화가 원주민들의 삶에 유익이 된다고 판단하여 식민 통치의 도래를 환영하는 경향이 있었습니다. 다시 말해, 선교사들은 앞서 근대화를 이룩한 유럽대륙에 속한 이들로서 상대적으로 근대화가 덜 이루어진 비유럽대륙에 속한 이들에 대한 문화적 우월감과 여기에서 비롯되는 문명화의 사명감을 지닌 이들이었다는 것입니다. 정글북의 작가 키플링의 시 '백인의 짐'(The White Man's Burden)은 식민시대 근대화된 문명의 우월감과 인종적인 편견이 맺고 있는 관계를 잘 보여주며, 근대화된 문명이라는 단일한 이데올로기적 잣대로 세계를 규격화하려는 시도를 잘 보여주고 있습니다. 이것은 근대 문명에 속한 국가들과 선교사들의 내밀한 욕망을 대변하고 있으며, 유럽의 근대성의 이념을 잘 드러내는 사례로서 선교신학적 성찰의 가치를 지닌다고 하겠습니다.

브라이언 스탠리(Brian Stanley)의 지적은 보다 급진적입니다. 그에 따르면 아예 식민주의는 선교가 없었으면 출현이 불가능한 것으로 여겨지기도 합니다. 즉, 식민주의는 계몽주의와 선교의 결합으로 나타나게 되었는데, 스탠리에 따르면, 근대성의 체계 내에서 계몽을 경험한 18-19세기의 서구인들은 선교를 대체로 다음의 다섯 가지 전제들과 관련하여 수행하였습니다.

첫째, 비서구세계의 사람들은 이교도이며, 죄로 인해 타락했고, 그리스도의 복음을 통해 구원받을 필요가 있는 이들이라는 점에 주목했습니다. 이런 생각은 기독교에 대한 유럽인들의 역사적 이해가 비유럽인들의 역사적 이해보다 우월하다는 믿음을 가지고 있었기에 가능했습니다. 곧, 그들은 유럽의 역사적 기독교를 기독교의 복음 그 자체와 동일시했기 때문에 여기에 성찰과 반성의 여백은 마련되어 있지 않았던 것입니다.

둘째, 타종교를 이교도적 우상숭배나 기껏해야 미신으로 취급하며 종교가 아닌 것으로 여겼습니다. 일찍이 윌프레드 캔트웰 스미스(Wilfred Cantwell Smith)라는 종교학자가 '종교'(religion)라는 개념 자체가 근대의 산물임을 지적한 바 있지만, 근대성에 속한 이들에게 종교는 곧 유럽적 기독교를 원형적 모델로 삼는 것이었음은 별도로 지적하지 않아도 알 수 있는 사실입니다. 기독교를 원형으로 하는 제도와 신념, 공동체와의 동일성을 연상할 수 없는 비서구세계의 일체의 신적 행위들에 대해서는 '종교'의 권위를 부여하지 않은 채, 풍습(customs)이나 미신, 우상숭배로 여겨 척결의 대상으로 삼는 것이 당연시 되었습니다.

셋째, 서구의 '문명'이 지적인 면에서나 기술적인 면에서 비서구 세계의 (비)문명보다 명백하게 우월하다는 믿음이 있었으며, 서구의 문명은 비서구 세계의 (비)문명을 무지로부터 해방시켜주는 잠재성을 지닌 것으로 이해되었습니다. 유럽의 기독교 신앙인들은 타자를 지배하고 억압하기 위한 욕망에서 선교에 나선 것이 아니라, 오히려 정반대의 계기에서 선교에 나셨습니다. 이는 한국에 온 서구 선교사들의 경우에도 예외가 아니며, 교회사가인 류대영의 연구서인 『초기 미국 선교사 연구』에서도 잘 드러나고 있는 특징입니다. 선교사들은 대부분 학식과 재정적 안정성을 갖춘 중산층이었으며, 그들은 식민주의적 지배의 열망보다는 그리스도의 사랑으로 타자를 섬기려는 열망 때문에 비서구세계로의 모험을 감행했습니다. 그러나 이러한 '선한' 선교적 열망의 집단 무의식적 층위에 있어서는 서구 문명의 우월감과 비서구세계에 대한 오리엔탈리즘적 시각이 작동하고 있었습니다. 이렇듯 서구의 '문명'에 대한 확신과 비서구세계에 대한 문명화 사명은 근대 선교의 추동력으로 작용하였습니다.

넷째, 이성적 지식의 능력에 대한 흔들리지 않는 확신이 기독교적인 복음의 선포와 관련된 확신을 제공했습니다. 이것은 앞서 설명한 바 있는 데카르트의 인식론적인 방법론적 회의에 근거한 확고한 수학적 진리에 추구와 관련이 있습니다. 즉, 유럽 신학이 기독교 복음을 해석하면서 가지고 있는 확신은 방법론적 엄밀성을 추구하는 서구 근대성의 확신과 관련 있습니다. 유럽 신학은 데카르트의 방법론적 엄밀성을 성서

연구에 도입하여 '과학적'인 비평 방법론의 토대를 마련했고, 이 토대를 기반으로 삼아 유럽 신학은 현대신학의 기득권을 갖게 되었습니다. 그러므로 근대적 지식의 능력에 대한 서구인들의 확신은 이러한 방법론에 근거하여 얻어진 결과로서의 복음에 대한 확신과 관련을 맺으며, 이를 적극적으로 '선포'하는 것을 선교의 주된 과제로 삼게 된 것입니다.

다섯째, 기독교의 메시지는 주로 개인적인 것이며, 개인의 회심과 관련된 것으로 이해하였습니다. 계몽주의적 이성은 무엇보다 생각하는 '나'의 주체성으로부터 시작됩니다. 여기서 내가 아닌 타자의 존재는 언제나 나의 존재를 확인하는 대상으로서의 도구적 가치를 지닐 뿐, 타자 그 자체가 주체와 동일한 선상에서 이해되는 것은 아닙니다. 그렇기 때문에 근대적 패러다임에서의 개인은 기독교 신앙에 있어서도 가장 중요한 주체로 등장하게 됩니다. '나'의 체험, '나'의 회심, '나'의 선교적 결단이 '나'의 지평을 넘어선 공동체적 경험에 앞선 것으로 여겨집니다. 여기서 회심은 언제나 개인적인 경험과 깊은 관련을 맺고 있는 것으로 여겨지는데, 주체의 자발적 선택에 의한 행동양식의 변화라는 측면이 회심에 있어 중요한 것으로

부각되며, 이 점에서 신은 오히려 주체의 회심을 가능케 하는 대상으로 전락하게 되는 불가피성을 지니게 되는 것입니다. 말하자면, 주체로서의 개인이 중시되는 근대 신학적 패러다임 속에서 신은 언제나 타자로서, 주체의 인식 대상으로서만 존재할 뿐, 주체는 인간으로서의 '나'에 있다는 점은 근대 신학의 중요한 특징 가운데 하나라고 할 수 있습니다.

근대성을 기반으로 하는 선교는 스탠리가 언급한 이러한 다섯 가지 특징에 기반하여 식민주의를 출현시키는 데 결정적으로 기여하였을 뿐만 아니라, 이를 지속적으로 확장하고 정당화하는 계기 또한 마련한 것입니다. 다시 말하지만, 근대성의 이면에 대한 비판적 성찰은 선교를 근대성의 폐해로부터 분리시켜, 보다 건강한 토대 위에 새롭게 정초시키기 위한 의도에서 비롯된 것으로 이해되어야 할 것입니다. 이러한 관점의 중요성은 근대성에 대한 비판적 성찰이 본격적으로 전개됨에 따라 그 중요성이 더 커지고 있습니다. 근대성의 붕괴와 함께 선교의 붕괴가 일어난 것이 오늘 우리의 현실이기 때문입니다.

근대성의 전파가 아니면 선교가 불가능하다고 여기는 이

들이 많습니다. 저개빌국가에 병원과 학교를 세우고, 원조를 쏟아 부어 사회기반시설을 마련하는 데 일조하는 것을 곧 선교로 여기는 것은, 근대성의 프로젝트의 완수와 함께 선교의 불필요함을 인정하는 것에 다름 아닐 것입니다. 실제로 한국 사회가 전 영역에 걸쳐 근대화 논의가 마무리되는 시점에 이르자 한국교회의 성장이 둔화되다가 급기야 감소추세로 돌아서게 되었습니다. 이것은 서구 근대화에 큰 기여를 한 서구 개신교의 선교가 근대화의 프로젝트가 마무리되어감에 따라 그 영향력을 상실한 것과 일맥상통합니다. 한국교회는 선교를 지속하기 위해 한편으로는 국내 여러 영역에서 아직 완수되지 않은 근대화의 필요성을 지속적으로 주장하고, 다른 한편으로는 근대화가 더욱 절실히 요청되는 저개발국가로 선교적 관심을 이동할 수밖에 없는 처지에 직면했습니다. 한 마디로 말해, 선교를 지속하려면 저개발국가들을 향한 해외선교에 열을 올릴 수밖에 없는 것입니다.

    이것은 선교의 유용성을 한시적으로 연장하는 데 그칠 뿐, 근본적인 해결책이 되지는 못합니다. 아프리카와 라틴 아메리카, 그리고 아시아의 저개발상황이 지속되는 한에서만 유용성이 입증되는 선교방법론이기 때문에 그렇습니다. 선교가 저개발국가의 열악한 사회 환경을 개선하고 그 사회 구성원의 삶의 질을 높이는 데 초점을 맞추어야 한다는 주장을 부인할 선교사와 선교신학자는 없을 것입니다. 그러나 이러한 선교적 이상을 '정말로' 실현하고 나면, 그때 근대성에 기반한 선교는 더 '할 일'이 없게 됩니다. 그렇게 되고나면 선교는 선교 자체를 존속시키기 위해 저개발국가를 열악한 '근대 이전'의 환경에 묶어두어야 하는 모순이 발생할 수 있습니다. 계몽의 필요성을 지속적으로 주장하기 위해서는 선교의 대상인 타자가 여전히 '계몽 이전'에 머물러있다고 전제해야 하는 인식론적 불가피성 때문입니다.

따라서 이러한 악순환을 벗어나고자 한다면 '근대 이후'의 선교신학의 나아갈 방향에 대한 본격적인 문제의식이 선교신학 안에 자리를 잡아야 합니다. 선교가 실행을 위한 효율적인 방법론적인 모색에 그쳐서는 안 되는 이유가 여기에 있습니다. 선교신학은 근대성의 체계 안에서 '실천신학'이라는 분류 속에 헤게모니적으로, 곧 자발적 복종의 방식으로 편입되었지만, 이제 근대 이후의 선교신학을 모색해야 할 시점에 이르러 선교신학은 '실천신학'으로서의 역할과 더불어 사유하는 신학으로서의 통전성을 회복해야 합니다. 즉, 선교신학은 분과학문의 경계를 넘어 다양한 인문사회과학적 성찰과 만나 신학적 사유의 폭을 넓혀야 합니다. 왜냐하면 선교신학은 종교적/문화적 타자를 최전선에서 만나며 타자성의 문제를 신학적 사유의 핵심으로 삼는 가운데, 타자성이 뿌리내린 장소에 깃든 성찰을 신학화해야 할 책임이 있기 때문입니다. 이러한 성찰은 특정한 분야의 전문가가 되는 것에 만족하는 기능적 사유가 아니라, 전문성의 한계를 벗어나는 해방적 실천에 나서는 진정한 '실천신학'의 길을 마련해야 할 과제와도 만나는 것입니다. 그러므로 근대성에 대한 비판은 단순히 지난 수 세기에 걸쳐 일어난 서구 기독교의 식민주의적 선교의 폐해를 지적하는 것을 넘어, 다가올 새로운 세기에도 선교를 지속가능한 토대 위에서 수행할 수 있도록 하는 역할을 수행할 때 그 진정성과 의미를 획득할 수 있을 것입니다. 여기에 대해서는 다음 장에서 보다 구체적으로 살펴보고자 합니다.

2장

근대성에 대한 반성

교회 역사가 라투렛(Kenneth Scott Latourette)은 1815년에서 제1차 세계대전이 발발하는 1914년에 이르는 100년을 "기독교의 위대한 세기"로 지칭하고 있습니다. 이 시기는 서구 열강의 식민 제국주의적 팽창이 절정에 이른 시기이면서 동시에 개신교의 선교활동을 통해 기독교가 전 세계적으로 전파된 시기이기도 합니다. 이때 전 세계적으로 전파된 기독교란 다름 아닌 서구 근대성의 특징을 내포한 '유럽 중심적 기독교'를 의미할 것입니다. 이를 보다 구체화하면 '계몽주의'와 '경건주의'적 전통 속에서 양자의 변증법적 대립과 조화 속에 형성되어 온 역사적 종교로서의 유럽적 기독교를 의미하는 것이라고 할 수 있겠습니다. 이 계몽주의와 경건주의의 변증법적 영향 아래 유럽의 기독교는 성서연구와 전통교리의 재해석에 있어서 이성의 사용을 적극적으로 권장하는 한편, 다른 한편으론

이성 중심주의에 함몰된 객관주의를 비판하여 성령과 동행하는 복음적 삶에 대해 강조하는 사상적 포괄성을 지닌 것으로 이해되었습니다.

그러므로 위대한 선교의 세기는 계몽주의와 경건주의의 관심을 포괄하는 유럽적 근대성이 전 세계의 기독교의 '표준'으로 부상한 결정적 시기로서, 이 시기에 기독교의 복음을 처음으로 접하여 기독교로 개종한 개인과 공동체에게 유럽 중심적 근대 기독교의 영향력이 절대적인 것으로 각인되는 계기가 되었던 것입니다. 오늘날 우리의 현실을 돌아볼 때도, 계몽주의와 경건주의적 신앙의 기본적 틀로부터 크게 벗어나지 않은 기독교 신앙의 양태를 생각해 볼 수 있습니다. 즉, 계몽주의적 합리성을 극한으로 추구하는 급진적 자유주의 신학과 경건주의적 전통을 극한으로 추구하는 근본주의적 신학의 전통이 한국의 문화적 상황과 만나 신학적 스펙트럼의 양극단을 형성하고 있는 현실이 이를 대변한다고 볼 수 있습니다. 이런 점을 고려할 때 한국의 신학은 보수와 진보를 막론하고 여전히 서구 근대성의 패러다임에 굳건히 뿌리를 내리고 있다고 볼 수 있을 것입니다.

따라서 우리의 논의는 계몽주의의 한 극단인 자유주의 신학과 경건주의의 한 극단인 근본주의 신학이 동일하게 뿌리내리고 있는 근대성의 토대를 넘어서는 탈근대성에 관한 논의에 초점이 맞춰져야 할 것입니다. 한 뿌리에서 나온 두 개의 가지에는 같은 열매가 맺힙니다. 근본주의 신학에 대한 자유주의 신학의 이론적 비판은 '합리성'을 설득의 논리로 내세우는 이성 중심주의라는 맥락에서 근대성의 서로 다른 이면임을 생각해 볼 필요가 있습니다. 또한 자유주의 신학을 '인본주의'로 몰아세우며 하나님의 말씀의 절대성을 주장하는 근본주의 신학 역시, 생각하는 주체의 인식의 한계 안으로 수렴된 신에 대한 자기인식을 절대화하고 있다는 점에서 여전히 '인본주의'적인 경향성을 벗어나지 못하고 있습니다. 그러므로 이러한 근대성의 양극단에 처한 담론들 사이의 차이를 강조하는 것으로는 근대성이 지닌 신학적 한계성을 좀처럼 벗어날 수 없습니다. 이제는 차이보다는 이들 신학이 뿌리내리고 있는 공통의 토대로서의 근대성에 대한 비판적 성찰을 통해 선교신학을 새롭게 수행하는 것이 우리의 신학적 문제의식의 핵심이 되어야 합니다. 이를 위해 서구 근대성에 대한 본격적인 비판담론이라고 할 수 있는 포스트모더니즘의 내용과 이에 대한 선교신학적 의미를 살펴볼 필요가 있습니다.

1. 포스트모더니즘이란 무엇인가?

데카르트의 방법론적 회의에 근거한 근대 세계에서의 진리의 확실성은 오늘날 커다란 위기에 직면해 있습니다. 과학기술의 발달에 따른 환경의 파괴, 인간성의 말살과 공동체의 파괴 문제는 이제 유럽과 서구사회라는 지역적 한계를 넘어 전 지구적 문제로 인식되고 있습니다. 이에 따라 근대성을 비판하는 철학자들의 논의에는 데카르트의 철학에 대한 비판적인 목소리가 담겨 있는 경우가 많습니다. 왜냐하면 모든 것을 의심하는 '생각하는 자아'의 주체성이 근대 과학적 합리성의 철학적 토대가 된다고 보기 때문입니다. 이로써 인간은 자연 그대로의 상태로부터 이성과 의지의 활용을 통해 자연을 대상화하는 것을 가치 있는 일로 여겨 왔던 것입니다.

이러한 세계관 속에서 가공되지 않은 '자연 그대로의' 상태로부터 인간의 합리적 이성에 근거한 과학기술의 활용을 통한 개발이 정당화되기 시작했습니다. 또한 자연에 대한 인간의 지배와 통제가 발전의 이름으로 합리화되었습니다. 자연에 대한 인간의 지배는 비단 환경을 대상으로 하는 것만이 아니었습니다. 더욱 큰 문제는 인간이 다른 인간을 대상화한다는 데에서 출현하였습니다. 과학기술에 의한 자연의 지배를 정당화하고 합리화 하는 논리가 인간에 의한 다른 인간의 지배를 합리화하고 정당화하는 계기를 마련했던 것입니다. 이로써 진보와 발전의 이름 아래 타인의 생명을 도구화하는 문명의 야만이 근대성의 패러다임 안에서 발전의 이름으로 수행될 수 있었으며, 오늘날에도 몇몇의 경우에 이러한 발전의 논리가 근대화의 맥락에서 정당화되고 있는 것입니다.

근대 계몽주의적 이성의 절대적 권위를 뒤흔드는 사건은 인문사회학적 성찰이 아닌 과학적 발견에서 먼저 시작되었습니다. 그것은 무엇보다 갈릴레이(Galileo Galilei)의 물체운동론의 맥락을 이은 뉴턴(Isaac Newton)의 역학을 바탕으로 시간과 공간을 절대화되어 있다고 여기던 기존의 이론을 뒤엎는 물리학적 발견에 의해 일어난 사건이었습니다. 즉, 하이젠베르크(W. Heisenberg), 슈뢰딩거(E. Schrodinger), 디락(P.A.M.

Dirac) 등에 의해 수립된 양자역학이론(Quantum mechanics)과 아인슈타인에 의한 상대성이론(theory of relativity)이 등장함에 따라 20세기 초까지 절대적인 것으로 간주되어 온 뉴턴적 체계에 기초한 법칙들이 '고전물리학'으로 새롭게 자리매김되었습니다. 이것은 과학적 지식을 절대불변의 진리의 체계로 받아들이던 근대적 지식체계에 결정적인 균열을 일으켰고, 과학적 지식의 확실성에 대한 신화를 재고하게 되는 계기를 마련하였습니다.

과학적 지식의 절대성에 대한 현대 물리학의 도전은 20세기에 들어서 일어난 두 차례의 비극적인 세계대전의 역사적 경험과 맞물려 서구인들에게 근대성의 문제성을 성찰하게 되는 결정적인 계기가 되었습니다. 과학기술의 진보와 발전이 가져다 줄 유토피아적 미래상에 대한 환상에 젖어 있던 서구는 두 차례의 세계대전을 통해 인간의 이성이 어떻게 '도구적' 합리성으로 전락하게 되는지, 그리고 이러한 도구적 합리성으로 전락한 이성이 얼마나 '비합리적'인 일들을 '합리적'으로 수행하는지를 목도하며 큰 충격에 빠졌습니다. 계몽주의적 이성을 신봉하는 근대인들은 앎에 있어서 모든 종류의 '선입

견'을 제거하기 위해 노력해 왔는데, 이러한 '편견 없는 견해'라는 객관적 지식의 추구야 말로 계몽주의적 '편견'이며, 하나의 신화에 지나지 않는다는 자각을 역사의 경험을 통해 깨닫게 된 것입니다.

수학적 공리와도 같은 '편견 없는 지식의 확실성'이라는 서구 근대의 지적 이상은 이성의 도구화에 의한 인류의 파멸과 관련하여 깊은 절망감을 남겼습니다. 그리하여 근대성의 한계를 경험한 이들은 계몽주의적 합리성이 찬양해 마지않았던 이성에 대한 선각자들의 비판을 숙고하기 시작했습니다. 이러한 비판적 숙고에 있어서 니체(Friedrich Nietzsche)에 의한 사상적 영향력은 매우 크고 중요합니다. 니체에 이르러 계몽주의의 진리에 대한 비판이 근대성 전체에 대한 비판으로 나아갈 수 있는 탈근대적 담론의 계기를 마련했기 때문입니다.

니체에 따르면 세계는 통일된 하나의 실재라기보다는 각각의 파편들로 이루어진 것으로서, 이를 하나의 통일성을 갖춘 실재로 재구성하는 과정에서 개념은 허구에 지나지 않는 것으로 전락한다고 보았습니다. 그렇기 때문에 진리란 하나의 실재라기보다는 '힘을 향한 의지'(will to power)의 산물이며, 하나의 해석에 지나지 않는 것으로 여겨졌습니다. 니체는 이러한 논리에 따라 언어의 사용에 주목했는데, 결국 진리의 문제는 근본적으로 언어의 사용과 관련되어 있는 문제이며, 진리란 '힘을 향한 의지'의 도상에서 언어의 사용을 통해 자기 의식적 허상을 절대화하는 것에 불과하다는 주장으로 축약될 수 있습니다. 그러므로 니체와 그의 계몽주의 비판의 맥락을 계승하는 이후의 철학자들의 논의에 있어서 진리와 진리의 보편성이란 허울에 불과한 것이며, 나아가 '힘을 향한 의지'의 다양한 분화의 맥락 속으로 흩어져 사라져버리고 마는 것으로 이해되었던 것입니다. 계몽주의적 이성 안에 계급적 지배를 정당화하기 위한 착취의 기제가 내재되어 있음을 간파한 맑스(Karl Marx)나, 무의식의 표출을 억압하는 심리적 기제로 이성이 작동하고 있음을 지적한 프로이트(Sigmund Freud)의 견해 역시, 넓은 의미에서 니체의 계몽주의 이성 비판의 맥락을 계승하고 있는 것으로 볼 수 있을 것입니다.

이런 관점에서 볼 때, 포스트모더니즘은 서구의 근대성의 패러다임에서 절대적인 지위를 누리던 진리를 '하나의' 관점으로 전락시킴으로써, 이성의 절대적 권위에 의존해 왔던 기존의 모든 담론의 권위를 일거에 무너뜨리는 해방적 기능을 수행합니다. 근대성의 형성에 있어서 절대적 지위를 누려온 '생각하는 자아의 주체성'이라는 데카르트적 인식론의 이상도 비판적 성찰의 대상이 되었습니다. 이로써 포스트모더니즘은 개인을 타자에 앞선 존재로 여겨온 근대철학의 정신 전체에 대한 비판적 문제제기로 확장되었던 것입니다.

2. 포스트모더니즘과 탈근대적 선교신학의 과제

이러한 포스트모더니즘의 근대성에 대한 비판정신은 바로 그러한 근대성에 깊이 뿌리내리고 있는 신학에 대한 비판적 성찰로 우리를 안내합니다. 포스트모더니즘의 비판에 따른 근대 선교의 쇄신의 주제들은 대체로 다음의 네 가지 측면─합리성에 대한 비판적 강화, 타자의 중요성에 대한 재발견, 발전론에 대한 도전, 상호의존성의 확대─에서 제기될 수 있습니다. 다음에서는 포스트모더니즘의 비판의식을 신학적으로 수용하는 전제에서 근대 선교신학의 한계를 넘어서는 발전적인 대안으로서의 탈근대적 선교신학에 대해 논의하고자 합니다.

1) 합리성에 대한 비판적 강화

탈근대적 선교신학은 무엇보다 근대적 합리성을 비판적으로 계승하는 데 충실하지 않으면 안 됩니다. 흔히 포스트모더니즘이 진리의 절대성을 해체하는 것 그 자체를 주된 목적으로 삼는다는 오해를 하곤 합니다. 그러나 포스트모더니즘의 '포스트'(post)가 '해체'(de-)의 의미뿐만이 아니라 시간적인 연속성을 지칭하는 '이후'(after)의 의미를 동시에 지니고 있는 것에서 알 수 있듯이, 포스트모더니즘은 서구의 근대성의 문제의식에 대한 비판적 성찰을 통해 이를 발전적으로 계승하는 것을 목적으로 하는 담론입니다. 한마디로 포스트모더니즘은 서구 근대성에 대한 비판적 성찰을 통해 근대성의 유산을 충실히 계승해 나가려는 서구 지성계의 시도에 다름 아닌 것입니다.

그러나 비록 포스트모더니즘이 서구의 문제의식을 서구의 삶의 자리에서 서구의 이론적 틀로 다루고 있다고 해서 비서구세계에서는 쓸모가 없는 이론이라고 생각할 수는 없습니다. 오늘날 근대화된 세계에 사는 인류는 교통과 통신의 발달로 인해 지역적 경계를 초월하여 소통하고 있습니다. 더욱이 신자유주의적 경제 질서의 확대를 통한 자본의 세계화는 서유럽과 북미라는 서구 세계의 지리적 경계에 한정될 수 없는 전 지구적 문제의식을 급속도로 가시화하고 있습니다. 이러한 상황에서 근대성의 태동에 대한 비판적 숙고는, 비록 그것이 서구의 기획에 의한 전 세계적 확산의 의도를 지니고 있다손 치더라도 서구에만 한정되는 문제의식일 수는 없을 것입니다. 그렇기 때문에 포스트모더니즘에 대한 신학적 성찰은 전 지구적 차원에서 근대화의 한계를 벗어나기 위한 노력에서 이루어져야 하며, 이를 통해 세계를 좀 더 살기 좋은 곳으로 만드는 일에서 상호 협력해야 합니다.

근대성의 한계를 벗어나기 위한 전 지구적 노력에 있어서 근대성의 유산들을 비판적으로 계승하는 것은 탈근대를 위한 전략의 하나가 될 수 있습니다. 이런 의미에서 포스트모더니즘은 이성의 폐기를 의미하는 것이 되어서는 안 되며 이성의 도구화라는 문제를 다양한 시각에서 비판하면서, 이성이 인간의 삶에서 제 역할을 수행할 수 있도록 비판의 날을 세워야 합니다. 포스트모더니즘에 관한 흔한 오해는 그것이 이성의 해체를 주장하는 반(反)이성적 담론이라는 것입니다. 이것은 포스트모더니즘 담론의 취지에 부합하는 것이라고 할 수 없습니다. 포스트모더니즘이 경계하는 것은 이성적 사유 그 자체가 아니라 이성 중심주의(logocentrism)이며, 과학적 방법론의 폐기가 아니라 과학적 합리성만을 합리성의 유일한 모델로 간주하는 과학 중심주의의 폭력성인 것입니다.

포스트모더니즘에 대한 이러한 이해는 선교신학의 탈근대적 과제에 대한 인식에 있어서도 중요한 통찰을 제공합니다. 즉, 탈근대적 선교신학은 계몽주의 이전의 신비적 관점으로 회귀하는 것을 의미하는 것이 될 수 없습니다. 예컨대 남반부 기독교의 부흥을 다루는 선교신학적 입장에 있어서 포스트모더니즘적인 현상을 남반부 기독교의 특징으로 주목하는 담론들은 남반부 국가들에서의 근대화 과정을 생략한 채 포스트모더니즘의 특징에 대해 논의하고 있다는 점에서 심각한 위험성과 한계를 지닌다고 할 수 있습니다. 남반부 국가들에서의 빈곤과 정치적 혼란은 포스트모더니즘적 특징이라기보다는 서구적 의미의 근대화 과정을 거치지 않은 채 지구화된 세계질서로 편입되었기 때문입니다. 말하자면, 근대화의 과제가 아직도 요원한 상황에서 서구의 포스트모더니즘적 통찰을 남반부의 저개발국가들에 여과 없이 대입하는 것이야말로 또 하나의 오리엔탈리즘적 분석일 뿐이기 때문입니다.

그렇다면 탈근대화된 세계에서의 저개발국가들의 선교는 서구적 근대화 과정에서의 여러 장점들을 적극적으로 활용하되, 서구의 제국주의적 지배의 역사적 교훈을 바탕으로 그 지배의 맥락을 배제한 채 근대화가 이루어질 수 있도록 돕는 일에 초점이 맞추어져야 할 것입니다. 오늘날 저개발국가들에 대한 선교는 문명화 사명에 의한 책임감이 아니라 타자와의 공존을 위한 노력에서 수행되어야 하며, 또한 기업과 군대의 진출을 통해 국가의 이익을 도모하는 신식민지 구축의 포석이 아니라 저개발국가의 빈곤과 질병을 없애고 평화를 정착시키기 위한 노력에 초점이 모아져야 할 것입니다. 이러한 노력들이 탈근대적 선교신학의 주된 주제들이 되어야하며, 근대성의 붕괴 이후 선교를 지속가능하게 만드는 선교적 실천의 원동력이 되어야 할 것입니다.

2) 타자의 중요성에 대한 재발견

선교와 선교신학은 타자와의 만남을 전면에서 수행하며 이를 신학적 주제로 삼고 있다는 점에서 가장 급진적인 신학적 실천의 장을 마련합니다. 예수회의 선교와 함께 시작된 서구와 비서구세계의 만남은 그 성격상 '만남'이라는 용어를 사용하는 것이 부적절할 만큼 일방적인 지배와 착취의 관계 속에서 지속되어 왔습니다.

중요한 것은 만남 그 자체라기보다는 만남의 방식에 있습니다. 즉, 동서양 문화 간의 만남 그 자체가 중요한 것이 아니라, 그 만남의 방식이 더욱 중요합니다. 근대선교는 비록 타자와의 만남을 위한 선교적 노력에 열심을 보였지만, 그 방식은 제국주의 국가들에 의한 식민지 개척에 다름 아니었다는 점에서 결정적인 한계를 지닙니다. "비록 그 가운데에서도 예수 그리스도의 복음이 전파되었다"고 말하는 비서구인은 스스로가 유럽적 기독교의 정신사적 유산에 식민적으로 종속된 자임을 자인함에 다름 아닐 것입니다. 다양한 문화적 상황 안으로 복음이 전파되는 방식에 대한 철저한 반성과 비판을 삭제한 위선적인 신앙적 담론에서는 역사적으로 하나의 계기에 불과한 유럽의 기독교가 다시금 '기독교의 절대적 표준'이라는 근대의 폭력성으로 회귀하게 되고 마는 것입니다.

서구 기독교가 아닌 다른 기독교(another christianity)가 가능합니다. 그러기 위해서는 유럽의 역사와 문화를 '표준'으로 여기지 않는 다양한 형태의 역사적 기독교가 존재한다는 사실을 인정하는 것에서부터 출발해야 합니다. 이른바 '세계 기독교'(World Christianity)의 출현이 기독교의 비유럽화, 탈유럽화와 더불어 일어났다는 점은 이러한 맥락에서 특히 주목을 요하고 있습니다. 세계 기독교는 타자와의 만남의 방식에 있어 유럽 기독교의 전통적인 경험을 절대적 표준으로 제시하지 않습니다. 유럽의 기독교는 기독교의 다양한 역사적 계기들 가운데 하나에 불과하다는 사실을 근대성에 대한 비판적 성찰을 통해 알게 되었기 때문입니다. 그러므로 기독교는 세계의 모든 지역에서, 모든 민족의 역사와 더불어, 모든 지역어로 예수를 그리스도로 고백하는 이들의 공동체로서 대문자로 표기하는 '기독교(Christianity)'가 아닌 소문자로 표기해야만 하는 '기독교들(christianities)'인 것입니다.

이러한 세계 기독교의 다양한 지역 공동체인 '기독교들'이 되기 위해서는 타자의 타자성에 대한 존중이 있어야 합니다. 근대는 타자의 타자성을 자기를 위한 의식으로 환원시키는 데 초점이 맞추어져 있었으며, 타자는 주체를 위한 대상으로 존재했을 뿐, 그 자체로서의 존엄과 가치를 지닌 것으로 인정되지 않았습니다. 선교에 있어서도 이웃 종교와 이웃 문화는 선교를 위한 목적 하에 이해대상으로 간주되었을 뿐, 공존과 협력을 위한 타자성의 지평에서 '그 자체로' 인정되지는 않았습니다. 이는 유럽의 대문자로 표기하는 '기독교'만이 절대적인 진리를 소유하고 있으며, 이를 전 세계로 전파하는 것이 곧 선교의 사명이라는 근대적 문명화 의식이 선교에 깊이 뿌리내리고 있었기 때문입니다. 그러나 이는 앞서 논의한 대로 선교와 복음에 대한 '하나의' 관점에 불과한 것이며, 특별히 서구의 계몽주의적 이성의 절대성의 맥락에서 선교를 이해한 결과라는 점에서 부분적인 타당성과 한계를 지닌 것이라고 할 수 있습니다.

타자는 생각하는 주체의 대상으로 도구화될 수 없는 존재입니다. 타자는 오히려 주체를 주체로서 살아갈 수 있도록 이

끄는 존재이며, 도구화의 맥락을 벗어나 절대적인 위치에서 주체와 상호 관련성을 맺고 있는 존재인 것입니다. 그렇기 때문에 타자성에 대한 재발견은 선교신학의 탈근대적 전환에 있어서 핵심적인 과제에 속한다고 할 수 있습니다. 근대성의 패러다임 속에서 도구화된 대상적 존재로만 여겨왔던 이웃 종교와 문화야말로 오늘날 기독교 선교를 지속 가능한 토대 위에서 이끌어 가는 존재라는 인식을 하게 될 때, 기독교 선교는 탈근대화를 걸림돌이 아닌 새로운 신학의 기회로 삼을 수 있을 것이기 때문입니다.

3) 발전론에 대한 도전

식민지의 확장은 계몽주의적 사고에 입각한 발전론의 영향 아래 지속되었습니다. 기독교 복음의 전파는 식민지 개척과 깊은 상호 관련성을 맺으며 발전되어 왔습니다. 이것은 근대성의 이면에 식민성이 내재되어 있다는 통찰로 우리를 이끕니다. 유럽의 근대화는 곧 라틴 아메리카와 아프리카의 식민화를 의미하는 것이었습니다. 물론, '식민지 근대화론'과 같은 맥락에서 얼마간의 기여를 생각해 볼 수는 있습니다. 그러나 이는 어디까지나 착취를 가속화시키고 공고하게 만들기 위한 과정 가운데 일어난 부수적인 결과라는 것을 생각해 볼 때, 식민지 국가의 피식민지 국가에 대한 기여를 운운하며 식민화를 옹호하는 듯한 논리는 결코 정당화될 수 없는 것입니다. 더욱이 하나님의 복음을 전파한다는 선교의 미명아래 무분별하게 수행된 근대 유럽 국가의 식민화를 우리는 철저한 비판적 사유를 통해 숙고해야 합니다. 왜냐하면 오늘날 한국은 세계 2위의 선교사 파송 국가로서 기독교의 세계 전파에 깊이 관여하고 있지만, 한국의 선교가 모델로 삼아 실행하는 선교사역은 적지 않은 부분에서 과거 식민제국주의 국가들의 발전모델에 그 원형을 두기 때문입니다.

라틴 아메리카의 해방철학자 앤리케 두셀(Enrique Dussel)은 유럽적 근대성이 형성되는 과정에서 나타나는 '정복'의 경험에 주목합니다. 그는 데카르트의 생각하는 자아가 아니라, 비서구세계에 대한 정복의 경험이 유럽적 근대성의 핵심을 이루고 있다고 말합니다. 유럽의 지식인들은 근대적 주체성 형성에 영향을 미친 역사적 경험으로 종교개혁과 계몽주의, 프

랑스혁명 등의 영향을 꼽지만, 두셀이 보기에는 아메리카 대륙의 '발견'과 '정복'이라는 역사적 사건이야말로 유럽의 근대성의 핵심에 놓인 '타자성'을 형성하는 근원적 계기가 되었다는 것입니다. 이러한 두셀의 통찰은 발전론에 대한 비판적 숙고에 도움을 줍니다. 오늘날 비서구세계 국가들이 바라마지 않는 서구의 근대화 모델, 특히 서구세계의 찬란한 과학의 발달은 남반부 국가들에 대한 '타자화'를 매개로 이루어져 왔다는 사실입니다. 비록 유럽과 서구세계의 발전의 혜택이 오늘날 전 지구적 차원에서 공유되는 것은 사실이지만, 이러한 근대화의 혜택이 공유되기까지 남반부 국가들에 대한 정복과 착취가 발전의 이름 아래 정당화되었던 역사를 망각해서는 안 되는 것입니다.

이러한 상황은 크게 변하지 않았습니다. 지리적 한계 안에 갇혀있었던 과거의 식민주의적 착취는 오늘날 영토와 국경의 한계를 초월하여 전 지구적인 차원에서 일어나는 자본의 신식민주의적 지배로 지속되고 있습니다. 라틴 아메리카와 아프리카, 아시아의 저개발 국가들에서 불공정한 노동과 무역을 통해 생산된 제품이 북반구 국가들에게 싼 값에 공급되어 '편의성'을 제공하고 있는 상황이 이를 내변해 줍니다. 소위 풍요로운 국가들에 사는 국민들이 누리는 경제적 편의의 이면에는 가난한 나라들에서 저임금과 고된 노동을 통해 생계를 지속해 나가야 하는 가난한 사람들의 암담한 현실이 놓여 있습니다. 따라서 선교와 선교신학은 저개발국가의 국민들에게 '일자리'를 제공한다는 발전론의 논리에 동조하는데 그쳐서는 안 됩니다. 이러한 불평등한 구조를 고발하고 개혁하기 위한 노력에 선교와 선교신학이 동참하는 데에까지 나아가야 하는 것입니다.

흔히 기독교적 이념을 바탕으로 하는 기업이 선교적 사명을 안고 저개발국가로 진출하는 것을 바람직한 선교의 모델로 여깁니다. 기업이 그곳의 값싼 노동력과 풍부한 자원을 바탕으로 이윤을 얻는 동시에 현지인들을 기독교인으로 개종시키는 것이 성공적인 비즈니스 선교의 모델로 여겨지고 있습니다. 그러나 발전론에 입각한 이러한 선교의 모델은 부분적인 타당성만을 지닌 것입니다. 앞서 말한 대로 이는 유럽의 근대화 과정에서의 선교 모델을 반복하는 것에 다름 아니기 때문입니다. 유럽의 근대성을 확산하는 과정에서 선교는 소위 식민주의의 3C 정책을 펼쳐왔는데 이는 기독교(Christianity)와 상업(Commerce), 그리고 문명(Civilization)을 선교의 매개로 삼는 전략이었습니다. 다시 말해 선교는 유럽적 기독교의 이념을 전파하기 위한 매개로서 상업적 이익을 앞세워 식민지를 개발하고 이를 통해 유럽의 우월한 문명을 전파하는 것을 목적으로 삼아 온 것입니다. 이러한 3C의 선교를 정당화하는 과정에서 군대의 무력이 동원되기도 했으며, 이는 두셀이 지적한대로 근대적 발전론에 입각한 선교가 발견과 정복을 통한 타자화의 맥락에서 수행되어 왔음을 드러내는 적절한 예시가 될 것이라고 생각합니다.

"그렇다면 어떻게 선교를 해야 할 것인가?"라는 문제가 남습니다. "풍요로운 나라에서 가난한 나라들에 원조를 하고, 기독교기업이 진출하여 비즈니스를 하고 개종자를 만들어내는 행위 전체가 잘못된 것인가?" 하는 질문을 할 수 있겠습니다. 이러한 질문이 가능하다는 사실은 무엇을 의미합니까? 그것은 그동안의 선교가 근대적 발전론과 불가분의 관계에 있었다는 사실의 반증입니다. 근대적 발전론을 포기해야 한다고 말하는 것이 '선교무용론'을 주장하는 것이 되는 논리적 연관성이 바로 그것입니다. 우리는 선교의 근대적 발전론을 포기해야 한다고 말하고 있지, '선교무용론'을 주장하고 있는 것이 아니라는 사실을 기억해야 할 것입니다. "근대화의 기획을 떠난 선교가 가능한가?" 우리의 질문은 이렇게 바뀌어야 합니다.

근대 이후의 선교를 실행하는 것은 근대화의 긍정적인 부분까지를 포기해야한다는 주장이 아닙니다. 그것은 "합리성에 대한 비판적 강화"를 다룬 장에서 이미 지적한 바 있습니다. 근대적 합리성 그 자체가 아니라 합리성의 도구화가 문제의 본질이며, 합리성의 이면에 이와 같은 이성의 도구화의 가능성이 있다는 사실을 인지한 채 합리성을 추구하는 것이야말로 근대적 유산을 창조적으로 계승하는 작업이 될 것입니다. 발전론에 있어서도 이와 같은 비판적 계승의 문제를 생각해 볼 수 있습니다. 이미 선교는 풍부한 역사적 경험—식민제국주의 선교의 실패 사례—을 통해 이를 반복하지 않을 만큼의 경험을 축적하였습니다. 문제는 선교를 수행하는 주체들이 이러한 비판적 작업에 관심을 기울이지 않고 있는 현실입니다.

그러므로 선교와 관련된 일에 헌신하는 이들은 이러한 근대적 발전론에 입각한 선교의 한계를 학습을 통해 인지하여,

이를 선교 현장에서 반복하지 않으려는 노력이 필요합니다. 나아가 탈근대적 선교의 모델을 구체화하는 일에 선교신학적 관심을 집중해야 합니다. 이미 탈근대적 문화현상은 서구의 지리적 한계를 넘어 전 세계적으로 확산되고 있습니다. 문제는 탈근대화가 근대화의 지난한 과정을 생략한 채 진행되고 있는 현실이지 탈근대화의 맥락 그 자체가 아닙니다. 비민주적 정치체제와 빈곤과 혼란이 가중되고 있는 남반부 국가들의 현실에서 보다 절실한 과제는 근대화를 비판적으로 지속해 나가는 것이거나, 최소한 근대화와 탈근대화의 작업을 동시에 수행하는 것이 되어야 할 것입니다.

포스트모더니즘 담론은 근대화의 과정에 관한 풍부한 비판적 논의를 통해 근대화 과정에서의 과오를 최소화하면서 이의 장점을 극대화할 수 있는 이론적 배경을 제공하고 있다는 점에서 더욱 심도 깊은 논의가 이루어져야 할 것입니다. 더욱이 선교신학적 관점에서 포스트모더니즘의 중요성을 강조하는 것은 그동안의 선교가 근대화의 맥락에서 수행되었다는 문제의식이 커질수록 그 중요성이 더해갈 것이라고 생각합니다. 이러한 맥락에서 발전론에 도전하고, 발전론 이후의 기독교의 선교의 내용과 방향을 모색해야 할 역할이 선교신학에게 주어진 학문적 책임이라고 여겨집니다.

4) 상호의존성의 확대

근대성은 생각하는 자아의 주체성을 강조하는 맥락에서 개인의 자유를 극대화하는 방향으로 발전하였습니다. 근대화의 과정에서 개인은 집단을 위해 희생되지 않을 자유를 획득하게 되었고, 이것이 근대 민주주의의 사상적 밑바탕을 이루게 되었습니다. 오늘날의 사회제도는 이러한 개인의 자유와 공동체의 자유 간의 조화를 추구하는 가운데 지속되고 있으며, 개인의 자유를 맹목적으로 침해하는 어떠한 집단의 강제도 정당화될 수 없다는 생각이야말로 자유민주주의 체제가 지향하는 인권개념의 핵심에 속하는 것입니다. 말하자면 근대는 서구의 역사적 발전과정에서 공동체에 억압당해 온 개인의 주체성을 수립하고, 이를 통해 공동체에 억압당하지 않는, 개인의 자율성이 극대화된 체계를 지향함으로써 계몽주의적 이상을 실현해 왔던 것입니다. 근대성에 대한 비판은 개인의 자유에 관한 근대 계몽주의적 성취 그 자체를 비판하여 과거로 회귀할 것을 주장하는 것과는 무관합니다. 그러나 근대화의 과정에서 신성하게 여겨져 온 개인의 자유를 극대화하는 것이 자유의 참된 의미인가 하는 질문에 대해서는 비판적 문제를 제기할 필요가 있습니다.

개인의 자유가 공동체에 억압당하는 현실에서는 개인의 자유에 대한 주장이 설득력을 얻을 수 있습니다. 그러나 개인의 자유가 '넘치는' 사회, 너도 나도 개인의 자유'만'을 주장하는 사회에서는 어떻습니까? 물론 자유의 한계를 누군가가 임의로 설정하는 것은 바람직하지 않고, 자유에 대한 주장이 지나치다고 판단하는 것 역시 바람직하지 않다는 계몽주의적 입장에서의 비판을 모르는 바 아닙니다. 그러나 공동체와의 조화를 고려하지 않는 개인의 자유의 극대화야말로 근대 계몽주의적 이상이 추구했던 자유의 의미와는 거리가 먼 것이라는 문제를 제기할 수 있습니다. 사실 이것은 매우 조심스러운 주장입니다. 자칫하면 공동체의 안정을 위해 자유에 제약을 가하는 것이 불가피하다는 입장에 힘을 실어줄 수 있고, 이로써 전근대적인 권위주의 체제를 정당화하는 논리로 악용될 수 있기 때문입니다. 이러한 오해의 불가피성을 인지하더라도, 공동체와의 조화 혹은 타자의 자유와의 상호공존이 없는 개인의 자유에 대한 주장이 정당한 것인가 하는 질문을 하지 않을 수 없습니다.

근대 계몽주의가 이상으로 삼아 온 개인의 자유는, 어떤 의미에서는 타자의 자유를 억압하는 방식으로만 실행될 수 있습니다. 이것은 근대성의 체계가 주체와 타자의 이분법에 기인해 있기 때문이며, 주체는 타자의 대상화를 통해서만 자기정체성을 형성할 수 있기 때문에 그렇습니다. 다시 말해 주체의 자유는 언제나 타자의 자유에 앞선 것이며, 타자를 도구화함으로써만이 강화된다는 사실을 생각할 때, 근대의 자율적 주체성이 신성시하는 개인의 자유는 타자와 공동체의 자유를 억압하는 측면을 지니고 있습니다.

좀더 구체적으로 말하면, 근대의 자율적 주체가 자유를 누리기 위해서는 보이지 않는 타자의 희생이 전제됩니다. 문제는 이 타자의 희생이 좀처럼 보이지 않는다는 데 있는데, 이로써 개인의 자유가 자기동일성에 의해 형성되는 것으로 착각하게 만드는 일이 가능해 지는 것입니다. 즉, 근대성의 체계에서는 자율성의 토대가 타율성에 있다는 사실이 감춰지는 것입니다. 앞서 언급한 엔리케 두셀의 경우에는 유럽적 근대화의 이면에 라틴 아메리카의 식민화가 있었다는 사실을 지적합니다. 이것은 유럽이 계몽주의적 이성의 찬란한 빛에서 개인의 자유를 주장할 수 있었던 이면에는 라틴 아메리카 민중의 고된 삶의 현실, 즉 유럽에 값싼 노동력과 자원을 공급하기 위해 타자화되고 파괴된 라틴 아메리카 민중의 박탈된 자유가 그 자양분이 되었다는 사실을 폭로한 것에 다름 아닙니다. 그렇기 때문에 근대 계몽주의적 이성이 주장하는 개인의 자유는 그것이 타자의 자유와의 상호의존성이 충분히 드러나지 않는 한 여전히 기만적인 자유에 머물고 마는 것입니다.

 탈근대주의적 비판은 공동체의 억압에 맞서 개인의 자유를 성취한 계몽주의적 이성의 힘을 배제하지 않습니다. 그러나 동시에 이러한 성취의 이면에 타자화의 논리가 작동하고 있었다는 사실에 대해서 침묵하는 유럽 중심적 사고를 비판합니다. 이러한 비판은 서구 근대의 자율성이 남반부 국가들에서의 타율성에 기초해있었다는 사실을 지적함으로써 근대적 자율성의 의미를 비판적으로 확장하는 것을 그 목적으로 하는 깃이지, 개인의 사유에 제약을 가해야한다는 주장은 아닙니다.

    탈근대적 선교는 근대적 자유의 이러한 양면성을 동시에 성찰할 수 있는 일이 되어야 합니다. 이것은 개인은 타자가 없이는 결코 존재할 수 없다는 단순한 사실을 인식하는 것에서부터 시작됩니다. 그러므로 데카르트의 '코기토'에 기초한 세계 이해는 변화되지 않으면 안 됩니다. 즉, 이 세계는 타자와 분리된 '나'의 명증한 '인식'에 기초하고 있는 것이 아닙니다. 나의 존재에 깃든 타자의 타자성에 대한 인식, 타자의 존재와 분리되어 존재할 수 없는 나의 존재만이 참으로 '나'라는 인식이 '코기토'의 존재론에 앞서는 것이라는 사실을 인정해야 합니다. 또한 '인식'에 기초한 세계는 여전히 자기 의식적 동일성이 강화된 세계일 수밖에 없다는 사실에 대한 자각도 필요합니다. 인식이 아닌 행위에 기초한 타자와의 연대에 나서야 합니다. "나는 생각한다"라는 근대적 인식론의 출발점에서 떠나 "우리는 행동한다"는 타자와의 연대적 실천으로 선교의 강조점이 변화할 때, 기독교 선교는 근대 이후에도 여전히 지속가능하며 의미 있는 실천으로 자리매김할 수 있을 것입니다.

3장

남반부 기독교 시대의 세계 기독교

이번 장에서는 남반부 기독교의 도래와 세계 기독교(World Christianity)의 등장에 대한 논의를 하려고 합니다. 남반부 기독교에 대한 선교 신학적 관심은 근대성에 대한 서구의 탈근대적 관점에서의 비판과 함께 2차 세계대전 이후 출현한 아프리카의 신생독립국가들에서의 기독교에 관한 논의와 더불어 활발히 전개되었습니다.

1957년 가나의 독립과 1960년 나이지리아의 독립에 이은 탄자니아, 우간다, 자이르, 케냐, 잠비아, 말라위, 콩고, 세네갈, 아이보리코스트, 말리 등의 아프리카 국가들의 독립은 세계 기독교의 지형도에 큰 변화를 예견하는 것에 다름 아니었습니다. 이는 곧 아프리카 대륙에 전파된 근대 유럽의 식민주의적 기독교에 대한 극복을 의미하는 것이었으며, 이러한 열망은 신생독립국들의 민족주의적이고 탈식민적인 토착화 신학 형성을 위한 노력으로 귀결되었습니다. 유럽은 더 이상 기독교의 중심이 아니라 변화하는 중심 가운데 하나로 인식되었으며, 이러한 생각은 남반부 국가들에서의 빠른 기독교 인구의 증가로 인해 더욱 설득력을 얻게 된 것입니다. 남반부 기독교의 도래와 세계 기독교의 문제를 다루는 이번 장에서는 앞에서 언급한 내용들을 보다 구체적으로 살펴보고자 합니다.

1. 순례와 번역으로서의 기독교 선교

기독교 선교의 역사를 순례와 번역의 역사로 설명한 선교신학자가 있습니다. 그는 스코틀랜드 출신으로 20대 후반에 서아프리카로 파송 받아 선교사로 일했습니다. 그의 임무는 당시만 해도 식민지였던 시에라리온의 선교사 주거지에 살면서 대학에서 현지인 목사 후보생들에게 교회사를 가르치는 일이었습니다. 학생들은 선교사가 말하는 모든 것을 받아 적고 있었지만 어쩐지 자신의 강의는 학생들에게 깊숙이 파고드는 것 같지 않았습니다. 그는 자신이 가르치는 유럽의 교회사야말로 진정한 교회사라고 생각하고 있었지만, 다른 한편 가벼운 마음으로 유럽인 주거지를 벗어나서 현지인들의 마을과 교회를 찾아가 현지 교회의 역사를 공부하기도 했습니다. 그러던 어느 날 자신이 유럽에서 책으로 배웠던 초대 교회의 역사 현장이 바로 자신이 선교하는 곳임을 깨달았습니다. 뿐만 아니라 책에 담겨 있는 2세기 기독교의 모습 그대로가 자신의 눈앞에 생생하게 살아있음을 알게 되었습니다. 당시만 해도 선교사를 비롯한 유럽의 기독교인들은 아프리카의 교회를 성숙한 유럽 교회를 모방하려고 안간힘을 쓰는 어린 교회 정도로 치부하고 있었습니다. 이때부터 그는 유럽인의 눈으로는 볼 수 없던 아프리카 교회의 사료를 본격적으로 수집하고 연구하기 시작했습니다. 10년 정도의 교육 선교 사역을 마치고 고향으로 돌아왔을 때에는 이제 유럽의 기독교가 더 이상 기독교의 중심지가 아니라는 것을 절감했습니다. 아무도 교회를 필요로 하지 않기 때문에 많은 교회 건물이 술집과 나이트 클럽으로 팔려나갔습니다. 한때 신학생들을 가르치던 신학교 건물도 깔끔한 식당으로 변해버렸습니다. 그런데 놀랍게도 시내 중심가에 있는 한 교회는 매우 활동적이고 북적였는데, 알고 보니 그곳은 신자들 대부분이 아프리카에서 온 이민자들이었습니다.

이 선교사가 바로 저명한 선교역사학자인 앤드류 월스(Andrew F. Walls)입니다. 그는 자신의 생애 중에 불과 수십 년 만에 일어난 엄청난 변화를 목격하고 기존의 선교적 관점이 잘못되었음을 통찰했습니다. 기존의 관점에서는 선교가 유럽이라는 하나의 중심으로부터 나머지 주변 세계로 팽창해 나가는 것으로 보았습니다. 매우 유럽중심적인 사고였습니다. 하지만 앤드류 월스가 경험한대로의 현실은 반대였습니다. 한때 기독교의 중심지였던 곳은 썰물처럼 빠져나갔고 반대로, 주변으로 여겨지던 아프리카, 아시아, 라틴아메리카의 여러 지역은 새로운 신앙의 중심지가 되었습니다. 오히려 새로운 중심으로부터 이제는 주변이 된 옛 중심지로 이민자들의 기독교 신앙이 다시 몰려오기도 합니다.

앤드류 월스는 기독교가 성쇠를 반복하면서 동시에 중심이 연쇄적으로 이동한다고 주장하였습니다. 이러한 중심 이동은 기독교 신앙이 새로운 문화와 사상체계를 만날 때마다 창조적인 상호작용을 하면서 전달되었음을 뜻합니다. 기독교 신앙은 이슬람 신앙과 달리 하나의 고정되고 성스러운 메카적인 중심을 갖지 않습니다. 기독교 신앙은 처음의 신자들인 유대인들로부터 안디옥의 이방인들에게로 전달되면서 메시아라는 용어 대신에 주라는 칭호를 사용했습니다. 기독교 신앙이 그리스-로마 세계를 만났을 때 기독교 신앙은 정통이라는 개념을 통해 논리화되고 법제화되고 조직화되었습니다. 그리스-로마 문명이 끝났을 때 기독교 복음은 또 다시 제국의 국경을 넘어 '야만인'으로 불리던 로마제국 북방의 이민족들에게로 전달되었습니다. 그냥 일방적으로 전달된 것이 아니라 상호 교섭하고 차용하고 재구성해 나가면서 기독교 국가라는 개념이 탄생했습니다. 이슬람 세력에 의해 동로마 제국이 무너지고 나서 기독교는 가톨릭과 개신교를 통해 서유럽 중심의 서구 기독교를 형성하게 됩니다. 다시 이 서유럽 중심의 기독교는 유럽의 식민주의 팽창과 함께 유럽 이외의 지역으로 이식되었는데, 여기서 주목할 것은 이와 동시에 유럽 지역에서는 기독교가 상당히 퇴보하게 된다는 점입니다. 이제 기독교는 더 이상 유럽적인 것이 아니라 아프리카, 아시아, 라틴 아메리카에서 새로운 모습을 띠어가고 있습니다.

앤드류 월스는 이렇게 기독교가 중심을 이동하며 문화의

경계를 넘어가는 원리를 성육신과 "번역의 원리"로 설명했습니다. 말씀이 육신이 되는 성육신이 바로 번역이라는 것입니다. 그렇게 보면 기독교 신앙 자체가 번역입니다. 그리스도는 번역된 말씀인 것입니다. 어떤 것이 번역되어 수용자에게 이해되려면 수용자 측의 언어와 관습 체계 안에 있는 기존의 것들을 가지고 새롭게 도입된 원어의 의미를 설명하는 수밖에 없습니다. 이때 수용자 언어 속에 있던 기존의 개념은 새롭게 도입된 원어의 의미를 통해 의미의 지평이 확장됩니다. 이 과정에서 원어에서는 전혀 없던 의미가 도입됩니다. 즉 옛 개념과 새 개념이 단순히 '대체(substitution)'되는 것이 아니라 수용자의 옛 개념이 새 개념을 만나 '변형(transformation)'되고 '개정(revision)'되는 것입니다. 앤드류 월스는 개종(conversion) 역시 이러한 번역의 과정으로 설명했는데 황필호 교수는 이런 종류의 개종(conversion)을 '가종(add-version)'이라고 설명한 바 있습니다.

2. 남반부 기독교의 현재와 전망

앤드류 월스가 아프리카 기독교에 대한 연구를 통해 기독교 역사 전체를 새롭게 조망하고 남반부 기독교의 시대가 도래했음을 통찰한 것에 의지해서 후학들이 남반부 기독교의 미래를 예측하기 시작했습니다.

지금부터는 기독교 역사가인 필립 젠킨스(Philip Jenkins)의 견해를 소개하겠습니다. 그는 현대세계에서 가장 중요하고 혁명적인 변화는 종교적인 변화라고 주장했습니다. 그는 이슬람의 성장과 더불어 우리 세대 안에 서구 기독교가 기울고 남반부 기독교(Southern Christianity)가 올 것을 인구통계학적이고 종교학적인 근거를 들어 예고하고 있습니다. 서구의 주류 기독교 학자들이 무관심과 편견 때문에 기독교의 쇠퇴를 전반적인 것으로 받아들이지 못하고 간과하고 있지만, 현재 이슬람교가 빠르게 성장하고 있으며 동시에 기독교의 중심이 남미와 아프리카의 오순절 교회와 독립교회들로 옮겨갈 것이라고 합니다. 세계화를 맞이하여 근대의 국가주의가 무너지고 국가에 대한 충성보다는 국제적인 신앙 중심적 연대가 형성되면서 이슬람과 기독교의 성장과 대립이 뚜렷해진다는 것입니다.

사실상 '서구 기독교'라는 말은 기독교 역사를 왜곡시키는 하나의 신화에 불과합니다. 처음부터 기독교는 아프리카와 아시아의 종교였습니다. 그리고 나중에 세계의 종교로 변화되어 가는 과정에서도 기독교는 '서구 기독교'라는 신화와는 다른 방향으로 성쇠를 거듭했습니다. 그래서 오늘날까지도 이집트, 시리아, 팔레스타인, 에티오피아, 아르메니아 등에는 수많은 토착 기독교 신자들이 살고 있는 것입니다. 기독교가 서구제국주의의 종교로 나쁘게 인식된 것은 비교적 최근이며, 그런 와중에서도 성공적인 기독교 선교는 대부분 효과적인 토착화를 통해서 이루어져왔습니다.

젠킨스는 외부 선교사들에 의한 선교와 내부에서 일어난 역동적인 개종은 동일시 될 수 없다고 합니다. 기독교 선교가 식민주의의 사냥개로 조롱받고 선교의 모라토리움으로 배척받는 상황에도 불구하고 기독교의 확장이 활발하게 일어나고 있는 것을 설명하려면 서구 기독교라는 신화가 아니라 다른 설명이 필요합니다. 남반부 기독교 신자들에게 기독교는 서구 선교사들의 것이 아니라 '골수로부터 느껴지는 어떤 것'이었고 그것이 그들 개인과 개인, 가족과 가족, 마을과 마을을 이어주는 연대를 형성하게 했습니다. 이를 통해 남반부 기독교인들은 카리스마적 '예언자'에 의한 묵시적 메시아 운동을 일으키고 토착적인 자생독립교단을 형성하였습니다.

20세기 후반은 탈식민주의시대였습니다. 2차 세계대전 이후 지난 50년 동안 아시아, 아프리카, 남미의 신생교회들은 뛰어난 적응력으로 다양한 정치, 종교적인 급변 속에서도 생존하여 번성하였습니다. 이 신생교회는 처음에는 서구교회의 선교 활동에 의해서 설립되었지만, 얼마 후에는 좀 더 토착적인 방식을 위해 식민주의 모체 바깥으로 넘어갔습니다. 그리고 그 정도에 따라서 선교사들이 주체가 되는 유럽 지향적인 교회, 선교사로부터 독립한 토착 교회, 기존 모델과 달리 기독교 자체를 넘어서는 완전히 새로운 교회(특히 오순절 교회) 등으로 나눠집니다.

인구통계학은 앞으로 50년 동안의 기독교의 판세를 어느 정도 예측하게 해주는데, 유럽과 일본은 인구가 감소하는 반면에 사하라 남쪽 지역의 인구는 급격히 증가할 것이며 아시아와 남미의 인구도 유럽의 인구증가율을 압도할 것입니다. 이러한 인구 변화에 맞춰 젊은 세대 및 도시 이주자들의 요구를 채워 주는 종교가 번성하게 될 것이며, 현재 남반부 기독교 회들이 이것을 효과적으로 진행하고 있습니다. 종교에 무관심하고 탈기독교화(de-christianize)하고 있는 유럽의 문화적 변화도 유럽의 기독교 감소에 영향을 미치고 있으며, 유럽의 인구감소에 발맞춰 새롭게 유입되는 제3세계 노동인구의 유입도 그들의 종교적 성향에 따라 판세에 영향을 미치고 있습니다. 미국의 경우도 마찬가지로 스페인계를 비롯한 외국계 인구가 증가하겠지만, 유럽과 달리 종교적으로는 기독교가 번성할 것으로 예상됩니다.

남반부 기독교의 등장은 단지 같은 내용의 기독교에 인구 구성만 달라지는 것을 의미하지 않습니다. 예언, 꿈, 치유 등은 서구 기독교에서는 낯선 것이며, 이것 때문에 남반부 기독교의 진정성이 의심받기도 합니다. 그러나 서구 기독교만 참된 복음의 본질을 대변하는 것은 아닙니다. 앤드류 월스의 말대로 기독교는 영원히 번역이 가능합니다. 기독교는 고도의 유연성을 발휘하면서 예전과 언어를 토착화시켰습니다. 그리고 이런 신앙 양태의 변화는 예수에 대한 신앙고백, 마리아 숭배, 조상숭배의 문제 등 신앙과 신학의 내용에도 변화를 가져왔습니다. 복음의 본질과 문화적 요소의 경계는 모호하며 여전히 논란이 되고 있습니다. 그러나 젠킨스는 정죄보다는 복음을 위한 예비 단계로 타종교와 문화의 요소들을 너그럽게 대할 것을 권합니다. 이러한 태도가 사실상 성서적으로 지지를 받기 때문이라는 것입니다. 그는 이와 같은 남반부 기독교의 부흥의 원인을, 교회가 현지 전통과 사고양식에 적응한 것과 더불어 막스 베버와 에른스트 트뢸취의 교회/종파 용어로 이해합니다. 즉, 기독교는 종파유형에서 세속화과정을 거쳐 교회유형으로 제도화되는 과정을 거듭하면서 확장된다는 것입니다. 젠킨스는 남반부 기독교가 남반부에만 그치는 것이 아니라 북반구를 향해 옮겨갈 것까지 기대하고 있습니다.

서구적 관점에 따르면 신앙과 삶, 교회와 국가는 물과 기름처럼 분리됩니다. 그러나 남반부 기독교에서는 보수적이든 진보적이든 지도자들이 정치적으로 중심적인 위치에 놓여 있습니다. 남미의 해방신학, 한국의 독립운동과 민중신학, 아프리카의 반독재투쟁 등의 역사가 이를 대변합니다. 다른 관점으로 보면, 기독교의 성장은 정치적인 문제를 야기하고 때로는 폭력을 동반할 가능성이 농후합니다. 대표적인 예가 르완다의 후투족들에 의해 자행된 인종 청소입니다. 여기에는 가톨릭과 성공회의 주교, 수녀들까지 연루되어 있습니다. 이와 같이 정치와 종교가 연동됨에 따라 부와 인구의 불균형에 의한 정치적인 갈등은 기독교 국가 간의 갈등이 될 것이고, 어쩌면 바티칸 외교의 시대로 들어설 지도 모릅니다. 또한 남반부 기독교가 북반구 기독교의 눈에 낯설어지고 오리엔탈리즘과 제3세계에 대한 인종적 편견이 가중될 경우, 북반구 기독교는 이슬람 못지않게 남반부 기독교의 적이 될 지도 모릅니다.

과거와 달리 지금은 계급이나 이념이 아니라 종교가 갈등과 불안의 원인이 되고 있습니다. 특히 인구통계학적 전망은 기독교와 이슬람의 분쟁이 악화될 것으로 전망하고 있습니다. 종교의 불안정을 일으키는 원인은 인구 성장률의 차이와 개종에 대한 경쟁 때문입니다. 종교 간의 공존 가능성보다는 박해에 의한 축출이 강화되고 있으며, 최근의 추세는 이슬람이 기독교도를 박해하는 주도권을 잡고 있습니다. 국제 정세는 기독교, 이슬람, 유대교를 배경으로 한 정치적인 유착관계에 의해 새로운 국면을 띠고 있으며, 기독교와 불교/힌두교의 갈등도 예상됩니다. 국제적 갈등이 종교적인 양상을 띠면서 근본주의자들의 강경노선이 강화되고 있으며, 사소한 오판에도 전 세계적인 재앙을 가져올 가능성을 내포하게 된 것입니다.

그렇다면 남반부 기독교에 반응하여 북반구 기독교는 어떻게 될까요?

교회사를 통해서 볼 때, 기독교의 미래는 기독교의 중심지가 계속해서 변해왔기 때문에 선교지의 변화에 달려 있습니다. 유럽과 북미의 백인들은 인구변동으로 인한 백인의 소수화를 두려워하고 있습니다. 일반적으로 보수주의자들은 이민과 유색 인종화로 문화적 동질성을 잃는 것을 싫어합니다. 동시에 다른 한편으로는 보수적 기독교 신앙을 가진 이민자들로 인해 보수주의자들이 반기는 국면을 가져올 수 있습니다. 어쨌든 역사는 남반부 기독교의 편에 서 있으며, 이민자들과 백인들을 대상으로 남반부 기독교의 북반구 선교가 진행될 것입니다. 여기에는 언어도 중요한 역할을 합니다. 한때 제국주의가 식민지에 심어놓은 언어의 통로를 통해 역선교가 이루어지고 있으며, 신생교회가 서구를 향해 토착화를 시도하고 있습니다.

　미래를 미리 가 볼 수만 있다면 현재의 선교 정책과 투자는 매우 다른 모습을 띨 것입니다. 불행히도 근시안적인 북미와 유럽의 많은 교회들의 정책은 일어나고 있는 변화와 반대 방향으로 진행되고 있습니다. 교회는 전 세계적으로 일어나고 있는 종교적 변화에 맞추어 교회의 자원을 재분배해야 합니다. 이를 위해서는 먼저 기독교를 서구의 종교가 아닌 전 지구적인 현상으로 이해하는 관점의 변화가 요청됩니다. 당연히 여기에는 성서 이해의 변화도 포함됩니다. 서구인들과는 달리 비서구 기독교도들에게 꿈과 예언, 축사와 치유, 박해와 순교에 관한 성서의 메시지는 그들 자신의 현실을 직접적으로 반영합니다. 복잡한 신학적 추론이 아닌 삶의 경험에 근거를 둔 기독교는 가난한 자, 박해받는 자들에게서는 번영하고 있으며, 부와 안정을 누리는 곳에서는 실패하고 있습니다.

3. 기독교 선교신학 패러다임의 전환

　젠킨스는 현재 일어나고 있는 세계의 종교적 변화에 맞추어 교회의 자원을 재분배할 것을 제안하고 있는데, 그렇게 되려면 우선적으로 신학적 관점의 변화가 필요하다고 했습니다. 전통적인 서구의 담론을 넘어 새로운 신학 담론의 필요성이 요구된다는 것입니다. 그러나 아직 기독교 중심축 이동의 의미에 대한 진지한 신학적 논의가 전개되지 않고 있으며, 비서구교회 안에서 나타나고 있는 새로운 현상들에 대한 신학적인 담론 또한 미비한 것이 사실입니다. 물론 라틴 아메리카에서 발생된 '해방신학'은 새로운 신학 담론의 장을 열어놓은 것이 사실이지만, 이 역시 서구의 지적인 전통의 잣대 안에서 이를 수정하기 위한 것이기에 비서구에서 발생되는 새로운 신학담론과는 차이가 있습니다. 이러한 비서구에서 움직이는 중심축의 변화가 기독교신학에 미치는 파급효과와 영향은 엄청난 것입니다.

다시 말해, 비서구의 현실은 서구신학이 한 번도 질문해 본 적이 없는 질문을 하고 있으며, 서구 전통신학은 이에 대한 질문을 한 적이 없었기에 이에 대한 대답도 준비되어 있지 않은 것입니다. 이러한 비서구의 질문들은 '신학'을 한 번도 가보지 않은 영역으로 인도합니다. 따라서 그저 기존의 신학 교과과정에 아프리카신학, 라틴아메리카신학, 아시아신학 혹은 제 3 세계 신학을 포함시키는 정도로는 어려움도 없습니다. 비서구 지역에서의 기독교의 확장과 여기에서 발생되는 신학의 담론들은 현재의 교회역사와 전통적인 신학의 교과과정에 대한 전면적인 수정을 요구하며, 현대 신학은 비서구의 신학적인 담론과 선교학에 의한 갱신이 절대적으로 필요합니다. 이런 의미에서 그동안 '기독교 선교'는 서구 기독교 및 서양문명의 확장을 위한 도구였지만, 지금은 서구를 향하여 도전과 변화를 제시하는 학문이며 기독교의 새로운 정체성을 형성해가는 운동이라 할 수 있습니다.

4. 주체와 권위에 대한 새로운 질문

이러한 기독교 선교를 통해서 형성된 새로운 세계 기독교(World Christianity) 시대의 기독교의 정체성은 전통적인 신학의 권위 혹은 권위 체계에 새로운 도전을 합니다. 다시 말해서 '무엇이 진리이냐?'라는 질문보다 진리를 말하는 '권위'에 대해 질문하는 것입니다. 이는 권위를 가지는 주체에 대한 질문이고, 서구의 근대주체가 어떻게 구성되었는가에 대한 논의라고도 할 수 있으며, 또한 이러한 근대 주체성으로 구성된 서양기독교 전통에 대한 도전이기도 합니다.

서양 근대 주체에 대한 성찰을 위해서는, 전통적인 인식론과 인간주체의 절대성을 강조한 근대 철학의 아버지 데카르트의 철학적 명제인 "나는 생각한다. 고로 존재한다"에 대한 문제제기가 필요합니다. 이 철학적 사고는 인간 주체를 사고와 인식의 중심에 놓고 주체가 모든 것을 안다고 상정하고 주체 밖의 모든 것을 대상화하고, 대상화된 객체에 대한 주체 인식의 중요성을 강조하였습니다. 이 관점이 근대철학과 지식이론의 기초가 되었지만, 이러한 사고 구조는 인간을 주체성으로 축소시켰고 주체의 나르시시즘(Narcissism)에 함몰시켰습니다. 이는 서양의 전통적인 신학의 구조에서도 나타나는 것으로 신학의 존재는 근대주체의 지식 안에서만 의미를 갖게 되었고, 인간 주체는 다양성을 단지 사고하는 주체에 친숙한 것으로 환원시켜 주체의 합리적인 구조에 따라 질서화 및 동일화된 지식으로 왜곡하였습니다. 그러나 지식과 권력을 통해 주체가 만들어진다는 푸코(Michel P. Foucault)의 주장은 근대 이성의 발전이 개인의 자율성과 자유를 보장할 수 있다는 계몽주의적 사고 틀에 이의를 제기합니다. 다시 말해, 지식을 통해서 형성된 권력, 혹은 권력에 의해서 창출된 지식은 이상화하는 사회를 위하여 개인을 길들이고 규정하고 통제합니다. 이로 인해 개인의 독특성은 사라지고 보편성의 이름으로 차이와 다름을 억압하며, 그것에 근거하여 세계의 질서를 형성하게 된다는 것입니다.

근대 주체성의 형성이 타자에 대한 억압과 통제에 관련되어 있기 때문에 순수하고 관념적인 주체성 논의는 무의미하게 되었습니다. 이제는 '지식이 무엇인가?'보다는 '지식이 어떻게 작용하는가?'를 물어야 하고, '인간 주체가 무엇인가?'보다는 '서구의 인간 주체는 어떻게 형성되는가?'를 새롭게 질문해야 합니다. 이와 관련하여 푸코는 근대적 주체를 선험적인 주체 대신에 우연적이고 역사적인 지식과 권력을 통해서 만들어진 산물로 규정하고, 그 주체가 어떻게 특정한 지식의 배치나 권력의 작용에 의해서 만들어진 것인지 분석하였습니다. 그는 계몽적인 이성의 능력 확대를 통해서 개인의 자율성과 자유가 증진된다는 칸트(Immanuel Kant)의 주장에 이의를 제기하며 서양의 주체는 권력과 지식 작용의 산물이라고 말했습니다. 다시 말해서 칸트가 인간 인식의 선험적인 조건을 밝히려고 한 것과 달리, 푸코는 특정한 시기에 어떤 권력의 작용을 통해서 자기를 주체화하는지를 분석하였습니다. 그는 서구의 근대적 주체가 지식과 권력이 결합되는 과정을 통해 어떻게 권력의 주체가 되고 있는가를 폭로한 것입니다.

5. 진리 개념의 해체와 선교

이러한 현실 상황 속에서 포스트모더니즘이 제기하는 문제들은 서양문명, 공업화, 도시화, 발달된 기술 등의 사회의 종합적인 면들에 대한 비판과 함께 근대성이 중요시하는 것들(조직, 자유 민주주의, 인본주의, 분석의 기준, 중립적인 진행, 인간이성 등)에 대한 도전으로 나타나고 있습니다. 포스트모더니즘은 근대성이 주장하는 도덕성과 전통적인 권위에 대해 불신하는 이유의 정당성을 주장하며, 근대성이 인류 해방의 원동력이 될 수 없을 뿐만 아니라 더 나아가 억압과 복종, 차별과 통제의 원천이라고까지 주장합니다. 그러므로 이러한 주장은

'근대성'의 포괄적인 접근 방법과 관점에 대한 도전과 변화의 요구라 하겠습니다. 이러한 새로운 사고들의 등장은 단지 또 하나의 패러다임을 제시하는 것이 아니라 완전히 다른 새로운 문화운동을 제시하며, 우리의 경험을 새롭게 해석하고, 세상과의 관계를 재구성하려는 시도라고 할 수 있습니다. 이는 세계 기독교의 입장에서 새로운 신학의 지도가 만들어져야한다는 것과 동일한 맥락입니다.

오늘날에는 인식론 중심의 근대 이론과 가치구조에 대한 도전이 일어나고 있습니다. 보편성을 주장하는 거대담론보다는 미시적인 차원에 대한 관심이 늘어나고 있으며, 확실성을 추구하기보다는 모호성과 다양성에 대하여 더 많은 관심을 기울이고 있습니다. 이러한 상황 속에서 근대성의 구조와 가치에 대한 자세의 변화와 자기중심적인 서술 형태에서 타자와의 관계성 속에서 '듣고 대화하는(listening to and talking with the other)' 자세의 전환이 요구됩니다. 왜냐하면 어느 특정한 구조나 의미가 절대적이 될 수 없다는 사실이 인식되어야 한다는 것입니다. 이러한 의미에서 태도의 전환은 '자기중심주의'의 해체라고 말할 수 있으며, 자기 자신을 타자와의 관계성 속에서 찾아 가는 것이라 할 수 있습니다. 또한 해체주의적 방법론은 전통적인 기존의 구조와 가치, 이론들에 대한 변화를 요구하는 것이고, 이에 대한 반응 역시 필요합니다.

푸코는 진리의 개념과 지식과 권력의 관계성에 대해 "진리는 문예혁명의 가치로서, 이 개념을 가지고 모든 것의 가치 기준과 통치의 기능"을 감당해 왔다고 비판합니다. 즉, 사회 구조의 틀 안에서 지식의 창출과 이에 대한 정당성을 제시하기 위해서는 '진리'라는 개념이 필요했다는 것입니다. 그런 의미에서 '진리의 개념'과 '왜곡된 선전'과의 차이는 없다고 주장하며, 이러한 진리의 개념에 대한 또 다른 도전을 하고 있습니다. 특히 푸코는 권력을 통해서 진리를 재생산 할 수 있게 되어있고, 이러한 진리의 창출을 통해서만이 권력을 행사할 수 있다고 강조하면서, '진리'와 '이념'(ideology)은 차이가 없다고 주장했습니다. 이러한 관점에서 보는 '진리'는 '권력'과 분리해서 이해될 수 없는 것이 되었고, 더 나아가 진리 주장은 일종의 폭력이라고까지 비판하며, 진리라고 주장되는 것들이 권력자의 위치를 정당화하고 약자를 보잘 것 없는 존재로 만든다고 했습니다. 특히 이러한 구조 속에서 형성되는 진리 주장은 타자와의 논쟁을 제거하고 묵살하는 기능을 소유하고 있다는 것입니다.

여기서 전통적으로 받아들여져 왔던 인식론적인 진리의 개념과 기독교신앙의 진리와의 차별성을 엿볼 수 있습니다. 따라서 기독교 선교에 있어서 중요한 것은 '타자에 대한 관계성'이 중요한 주제가 되는 것입니다. 즉 타자의 다른 점이 무시되는 것이 아니라 인정되고 새로운 의미가 창출되는 것입니다. 이는 니체의 '권력에의 의지'나 푸코의 '권력/지식'의 형태와는 다른 관계가 형성되게 만드는 것으로서 지난 선교 역사를 통해서 나타난 '하나님의 선교'의 방법이라 하겠습니다.

6. 21세기 선교와 중심성의 포기

19세기 이후의 기독교 선교활동을 통해서 기독교가 서구의 전유물이라는 서양 중심적인 개념이 해체되었고, 기독교의 중심성은 어느 한곳에 정착되는 것이 아니라 복음이 전파되는 곳마다 기독교의 중심이 될 가능성을 갖게 되었습니다. 문화 간 장벽을 넘어선 이러한 기독교의 원리는 본질주의와 서구주체의 중심주의적 성향을 넘어서는 것으로, 신학과 교회에 중요한 열쇠를 제공합니다. 이러한 결과로 기독교 신앙은 더 이상 서양의 종교와 이념으로서가 아닌 새로운 신앙의 형태로 발전하고 있습니다. 즉 서구의 전통적인 신학적 사고방법으로부터의 탈피가 이루어지고 있고, 전통적으로 받아들여 왔던 서양의 권위적인 담론에 대한 신뢰가 사라지고 '의심' 혹은 '잘못의 지적'이 진행되고 있습니다. 이러한 기독교의 변화는 서양의 전통과 이해 속에서 창출된 이야기가 마치 거대담론인 것처럼 주입하는 것으로부터 해방되는 인식론적인 탈출이고, 또한 이는 문화에 대한 새로운 이해를 가져다줍니다. 이러한 의미에서 선교의 주제는 서양기독교의 우월성과 인식론에 대한 도전은 물론, 종교와 문화의 다양성 속에서 관계를 형성하기 위한 기독교 복음의 소통 가능성과 조건에 집중하게 되는 것입니다. 그런 의미에서 '기독교 선교'는 '세상 끝까지' 밖으로 향하는 것이며, '중심성(centrality)의 상실'을 강조하는 학문이라고 할 수 있습니다.

그러므로 '선교'는 기독교 신학과 역사를 재해석하는 역할을 하고 기독교가 서양종교라는 인식의 허구성을 드러냅니다.

특히 21세기의 다양한 기독교 공동체들 속에서 나타나는 신앙의 표현과 신학화 작업은 전통적인 신학적 방법과는 현격한 차이를 보이고 있습니다. 즉, 전통적인 권위 체계 안에서의 하나One라는 진리에 대한 관념론과 유신론적인 사고는, 다름을 부정하며 다른 것들을 제거하고 정복하는 제국주의적인 것으로 인식된다는 것입니다.

분명히 기억해야 할 것은 실제 복음의 핵심은 제국주의적인 요소를 부정한다는 사실입니다. 복음에는 제국주의를 거부하고 겸손케 하는 십자가가 있으며, 인류를 하나 되게 하는 죽임 당하신 어린양이 있습니다. 즉 궁극적인 진리는 타자를 부인하거나 거부하는 것이라기보다는 현실 상황과 실존 속에서 타자를 위해 고통을 당하는 것입니다. 즉 자신을 포기하는 사랑이 기독교의 궁극적 진리의 실체라는 것입니다.

세상을 향한 하나님의 구원 계획은 항상 주변을 향해 있으며, 주변에 속한 이들과의 관계성 속에서 나타난 성육신이 선교의 유일한 방법이자 신학의 기본적인 원리인 것입니다. 경계를 넘는다는 것은 중심을 포기한다는 것을 암시하는 것이고, 타자와의 지속적인 관계형성과 대화를 통해서 의미를 찾고 확장시킨다는 의미입니다. 다시 말해, 다른 문화와의 대화는 종말론적인 미래로 열려 있는 신학의 위치를 확인시켜줍니다. 고착화된 진리의 확실성보다는 불확실성과 잠재성이 열린 대화를 향한 동기를 부여해 줍니다. 기독교 선교가 목표하는 대로 세상 끝까지, 그리고 모든 민족과 문화들이 진리에 거하기까지 이런 대화의 노력이 계속되는 것입니다.

예수께서 유리된 골고다를 새로운 희생과 구원이 있는 거룩한 자리로 만드셨다는 사실은, 하나님이 중심에서 주변부로의 방향을 설정해 놓으셨다는 것을 의미합니다. 그러므로 선교는 다른 사람들이 우리가 설정해 놓은 경계를 넘어오는 것이 아니라 우리가 자신의 경계를 넘어 문밖으로 나가는 것이고, 이는 자신의 경계를 넘으시는 하나님의 선교(Missio Dei)에 참여하는 것입니다.

선교는 나의 경계를 넘어 타인에게로 향하는 것입니다. 이제 선교는 전통적인 지리적 개념을 벗어나고 있습니다. 출생률의 변화와 이민자들의 유입으로 인한 인구통계학적인 변화가 해외선교에도 변화를 불러오고 있기 때문입니다. 이에 따라서 복음의 본질과 문화의 관계에 대한 선교학적인 관점이 더욱 중요하게 되었습니다. 어떤 하나의 문화 양태가 복음의 진정성을 담보하는 것이 아니기에, 그리고 변화된 신앙 형식이 신앙 내용을 재규정하고 변화를 가져오기 때문에, 이제는 서구 기독교의 신학이 아닌 세계기독교의 신학적 관점이 필요하게 되었습니다. 이런 의미에서 선교를 번역으로 보는 관점은 역발상을 가능하게 합니다. 오늘날에는 주변성(marginality)이 오히려 특권이 될 수 있습니다. 기독교는 영원한 고향이 없는 종교로서, 기독교의 중심이 계속 변화하는 가운데 적응하며 생존 번영해왔습니다. 따라서 우리의 선교적 노력은 항상 경계선상의 위험을 무릅쓰고 이질적인 것, 동의할 수 없는 것 속에 함의된 하나님의 행위를 끊임없이 찾고 발견하는 것이 되어야 합니다.

오늘날 한국 기독교는 과거의 식민주의와 제국의 확장 담론 같은 새로운 제국 담론의 유혹을 받고 있습니다. 즉 신자유주의 경제라는 이름의 통치구조인 새로운 세계화는 새로운 제국의 담론으로 군림하고 있습니다. 좋은 예로 로마의 콘스탄티누스 황제의 회심은 기독교 역사를 바꾸어 놓은 사건입니다. 콘스탄티누스는 기독교를 인정했고 그 당시 교회에 도움이 되는 법률을 제정했습니다. 그러나 콘스탄티누스의 회심 이후로 교회는 마치 나이키가 마이클 조던을 후원하듯이 세상의 후원자가 되었습니다.

콘스탄티누스 이전의 교회는 자신이 부패를 방지하는 기능을 한다고 보았고, 선을 행하고 악을 제어해서 하나님을 섬기고 평화를 유지하며 사회질서를 유지하는 누룩인 교회를 세우려 했습니다. 즉 교회는 자신을 역사에 의미를 부여하는 힘으로 인식했습니다. 그러나 콘스탄티누스 이후 일어난 중요한 변화는 교회가 박해를 더 이상 받지 않게 되었다는 사실보다도 교회와 세상이 결탁했다는 사실입니다. 교회는 이후로 정치와 경제와 예술, 전쟁에까지 그리스도의 이름으로 세례를 주었습니다. 이런 상황이 계속되면서 교회의 관심은 "어떻게 하면 가이사의 통치하에서 신실한 기독교인으로 남을 수 있을까?"라는 문제가 아니라 "교회가 어떻게 변화해야 가이사가 기독교인으로 남을까?"에 관심을 기울였습니다.

결국 교회가 세속주의를 만들었고 기독교인들은 여기에 순종하게 되었습니다. 이후로 교회는 점진적으로 예수그리스도의 사명과 그에 대한 믿음을 비정치화하고 개인화시킨 문제

점을 안고 있습니다. 그러므로 우리는 전통적으로 조직화된 교회보다는 신약성서의 기독교인들에 대한 관심이 필요합니다. 즉, 콘스탄티누스를 땅에 묻고 교회에 예수의 정치(the politics of Jesus)를 다시 한 번 주장해야 할 것입니다. 그러므로 한국교회의 선교는 제국의 확장과 서구 기독교 왕국의 재생산을 거부하고, 중심으로 향하고자 하는 노력에 담긴 비기독교적 성향을 지적해야 합니다. 예수 그리스도의 성육신의 사건을 통해 인간관계는 물론 사회와 문화, 경제, 정치적 담론에서 타인에 대한 책임과 정의, 인류연대(human solidarity)를 향한 선교의 개념을 발견해야 합니다. 또한 기독교 선교란 예수의 사건에 참여하는 신앙행동으로, 인류연대를 가장 중요한 가치로 인정하고 하나님의 변화시키시는 임재(transformative presence)를 기다리면서 폭력과 억압에 저항하고 인류 미래에 대한 희망을 버리지 않는 것입니다.

4장

21세기를 위한 새로운 선교

근대성의 명암에 대한 비판과 더불어 근대성의 한계를 넘어서고자 하는 노력들이 유럽의 안팎에서 일어나고 있는 상황입니다. 이러한 맥락에서 근대 계몽주의적 이성과 합리성에 뿌리내린 선교신학에 대한 반성적 성찰이 필요합니다. 근대성의 출현 이후, 선교는 유럽의 근대적 가치들을 비서구세계에 전달하는 단순한 도구에 그치지 않았습니다. 근대적 가치관에 따른 행위가 곧 선교 그 자체로 인식되었습니다. 질병을 치료하고, 교육을 통한 계몽에 앞장서고, 개인의 자유와 존엄성이 중시되는 민주적 가치가 실현된 사회제도를 마련하기 위해 노력하는 등, 유럽에서 출현한 근대적 기획에 동참하는 신앙적 열심을 우리는 '선교'(mission)라고 부르는 데 있어 주저함이 없었습니다. 다시 말해 근대성의 체계에서 선교는 유럽의 문화와 역사성을 바탕으로 형성된 기독교 복음에 대한 특정한 인식을 비유럽세계에 충실히 전달하는 것으로 여겨졌던 것입니다. 그러나 20세기에 들어 양자역학과 상대성이론으로 대표되는 물리학에서의 '불확실성' 사고의 부상, 이와 더불어 두 번의 세계대전을 경험하면서 서구는 그들이 근대성의 핵심적 가치로 여겨왔던 '수학적 확실성'과 여기에 기반한 모든 '확실성'의 세계관이 무너지는 경험을 하게 된 것입니다. 20세기 초의 물리학적 발견과 일련의 역사적 경험들은 20세기 후반에 이르기까지 서구가 지난 4세기에 걸쳐 이룩해 온 근대성의 가치에 대한 전면적인 문제제기를 하도록 만들었으며, 이것이 오늘날 탈근대성(post-modernism)과 탈식민성(post-colonialism)에 입각한 사유의 맥락을 제공하게 된 것입니다.

근대성에 대한 성찰과 비판은 유럽이 근대화의 과정을 지나오는 동안 의식적/무의식적으로 행한 타자화의 문제를 그 근본에서부터 성찰하려는 흐름과 만나, 20세기의 거대한 지적인 조류를 형성하게 됩니다. 그것은 진리의 확실성에 대한 의심을 공유하면서, 진리의 절대성과 보편성에 대한 주장을 철회하고 그 대신 '언어적 매개'를 통해 해석학적인 측면에 더 많은 관심을 기울이는 방향으로 발전하게 되었습니다. 이는 무엇보다 소쉬르(Ferdinand De Saussure)와 레비스트로스(Claude Levi-Strauss)의 연구로 대표되는 '구조주의'(structuralism)에서 푸코(Michel Paul Foucault)와 데리다(Jacques Derrida)와 들뢰즈(Gilles Deleuze), 그리고 라깡(Jacques Lacan)으로 이어지는 '후기 구조주의'(post-structuralism)에 입각한 탈근대적 해체이론의 넓은 스펙트럼을 형성하면서 사상사적 지도를 형성하고 있습니다.

탈식민에 관한 이론적 성찰 또한 이러한 후기 구조주의적 사유의 영향을 받으며 발전해 왔습니다. 탈식민주의의 삼총사로 알려진 바바(Homi Bhabha)와 스피박(Gayatri Spivak) 그리고 사이드(Edward W. Said)는 식민주의의 근원에 놓인 '유럽 중심성'을 탈피하려는 지적인 작업을 위하여 다시금 유럽의 근대성 비판담론들에 상당부분 의존하고 있다는 점에서 탈식민주의 이론 진영의 내부에서 적지 않은 비판을 받은 바 있습니다. 그러나 이경원이 『검은 역사, 하얀 이론』에서 밝히고 있는 것처럼, 탈식민주의 이론은 서구 아카데미즘의 전유물이 아니라 흑인 민족주의 해방운동과 깊은 연관성 속에서 형성된 이론이라는 사실에 대한 강조가 필요합니다. 다시 말해 탈식민주의는 유럽의 후기 구조주의 이론을 바탕으로 북미의 주요대학에서 활동하는 제3세계 출신의 이론가들의 전유물이 아니라 흑인 해방운동의 역사성을 매개로 전개된 이론이라는 점과, 또한 저항을 위한 인문학적 사유라는 점에 보다 무게가 실려야 할 것입니다. 이것은 '탈식민주의'로 특징지을 수 있는 유럽과 북미의 특정한 비판담론들에 절대적 권위를 부여하지 않는 '탈식민성'의 이론적 실천과도 결부된 문제라고 할 수 있습니다. 식민적 현실을 진단하고 벗어나기 위해 참고는 하되, 탈식민주의 이론에 절대적으로 묶일 필요가 없다는 말입니다. 중요한 것은 근대성의 한계를 성찰하는 탈근대적이고 탈식민적인 사유와 실천에 있지, 이론 그 자체에 있지 않기 때문입니다.

탈식민 이론은 유럽의 근대적 가치의 절대성을 비판적으로 성찰하는 맥락에서 탈근대적 사유와 만납니다. 말하자면 탈근대와 탈식민은 별개의 이론이 아니라 '탈근대/탈식민' 이론이 되어야 하는 것입니다. 왜냐하면 근대성은 그 이면에 식민성을 포함하고 있기 때문에, 근대성을 극복하고자 하는 노력은 식민성을 극복하려는 노력과 만나지 않을 수 없습니다.

이것은 앞서 언급한 두셀의 근대성 이해의 핵심적인 내용이기도 하며, 동시에 근대성의 타자지배의 맥락을 간파하고 이로부터 타자의 타자성 회복을 주장하는 타자철학의 핵심적 내용을 이루는 것이기도 합니다. 그러므로 근대성과 식민성이 불가분리에 있는 '근대성/식민성'이듯이, 근대성의 이성 중심주의와 타자지배적 식민주의를 비판하기 위한 대안적 실천담론으로서 탈근대성과 탈식민성은 '탈근대/탈식민'이 되어야 할 것입니다.

오늘날 선교신학을 '탈근대/탈식민'적인 맥락에서 재구성하는 것은 근대성과 그 이면에 놓인 식민성에 대한 탈근대적이며 탈식민적인 비판의 내용을 포괄하는 것이 되어야 합니다. 이것은 무엇보다 근대성에 뿌리내린 선교신학의 해체를 우선적인 과제로 설정해야 하는 당위성과 만나게 됩니다. 또한 근대성과 작별한 선교로부터 선교무용론을 주장하는 현대성의 조류에 대하여 대안적인 선교론을 구성하는 과제가 동시에 요청됩니다. 이것은 '새로운 선교학'(New Missiology)이라 말할 수 있습니다. '새롭다'는 말 속에는 근대/식민성과의 결별의 의미가 담겨 있습니다. 근대성의 가치들이 심각한 도전에 직면한 상황 속에서, 지속가능한 선교는 근대성과 식민성에 대한 비판을 적극적으로 수용할 뿐만 아니라 선교에 참여하는 모두가 비판자가 되어 새로운 선교학의 저자가 될 것을 요청하고 있습니다.

선교에 있어서 서구 세계의 선교사는 하나님의 대리자로서 절대적 권위를 지닌 '저자'(the Author)의 역할을 해왔습니다. 그러나 근대성의 종말과 함께 그러한 절대적 권위는 사망선고를 받았습니다. 탈근대/탈식민 시대의 새로운 선교에서는 모두가 '저자'가 되어야 합니다. 서로 다른 저자의 목소리에서 하나의 보편적 가치가 발견된다면, 그것은 형이상학적 동일성에 입각한 개념적 통일성이 되어서는 안 됩니다. 그보다는 세상을 향한 하나님의 선교에 동참하는 가운데 경험되는 사랑과 자비, 연민과 우정의 연대가 되어야 할 것입니다. 이를 위해 탈근대/탈식민 시대의 새로운 선교에서 다루어야 할 핵심적인 주제들을 다음의 몇 가지 내용으로 정리해 보고자 합니다.

1. 정체성의 평화적 공존

 탈근대/탈식민 시대의 새로운 선교학은 정체성(identity) 형성에 관한 비판적 논의를 포함합니다. 잘 알려진 탈식민주의 이론가 가운데 한 명인 호미 바바는 제국주의자들과 식민지인들 사이의 정체성의 혼종성(hybridity)의 문제를 다룹니다. 그에 따르면 식민지인들은 단순히 제국의 지배 아래 놓인 것이 아니라 제국의 원형적 질서를 모방하고 이를 흉내(mimicry)냄으로써 식민 지배자와 피지배자 사이의 양면적인(ambivalent) 정체성의 형성에 기여하는 방식으로 저항합니다. 바바는 이것이 유럽 식민 지배자들의 확고한 정체성에 균열을 냄으로써 유럽중심주의적 정체성의 공고한 영속성을 파괴하는 데 기여한다고 보고 있습니다. 식민지인들은 식민적 권위를 조롱하고 패러디하면서 그들이 제국의 지배질서 바깥에 거주하고 있음을 식민지배자들에게 상기시켜 주고 있다고 말합니다. 이것은 정체성을 통한 저항의 가능성을 시사하고 있습니다. 식민 지배자들로부터 부여받은 정체성에 안주하지 않고 이에 변형을 가함으로써 지배와 피지배 사이에서 새로운 제3의 정체성을 형성할 수 있는 가능성의 공간을 마련하는 것입니다.

정체성에 관한 호미 바바의 통찰은 오늘날 새로운 선교신학의 정체성 형성의 문제와 관련하여 이론적 성찰의 주제들을 제공해 줍니다. 무엇보다 정체성의 순결성에 대한 문제제기를 할 수 있습니다. 우리는 기독교인이라는 단일한 정체성을 지닌 채 살아갑니다. 그러나 흔히 이해되고 있는 이 '기독교인'이라는 정체성의 내용은 내가 나 자신에게 부여한 것이 아니라, 기독교의 역사와 전통이라는 서사적 맥락에서 나에게 주어진 것입니다. 역사와 전통으로부터 부여받은 정체성이 나의 정체성으로 수용된 것을 우리는 기독교인에 관한 정의로 간주해 왔습니다. 예컨대, "기독교인이란 누구인가?"하는 질문 속에는 기독교인이란 '모름지기' 어떠한 사람이어야 한다는 서사적 당위성이 내재된 요청, 그리고 이에 대한 논리적 일관성에 대한 요청이 숨어 있습니다. '기독교인이란 어떠한 사람'이라고 정의를 내리는 순간, 이것은 합의된 정체성의 범주 안으로 수렴되지 않는 타자의 타자성을 억압하는 기제로, 여기에 속한 개인과 공동체에 대한 폭력적 적대감으로 이행되곤

하는 것입니다.

기독교 역사에서 나타난 수많은 이단논쟁은 이러한 '정체성의 정치(the politics of identity)'의 한 예가 될 수 있습니다. 단일한 정체성을 형성하고 이를 통해 정체성의 구성 범주 안팎을 구분하며, 이로써 타자에 대한 억압을 정당화할 수 있는 이데올로기적 장치를 마련하기 위한 노력이 정체성의 정치의 핵심이라고 할 수 있습니다. 교회는 이렇게 형성된 배타적 정체성을 전통의 이름으로 수호하고, 이를 통해 교회 안과 밖의 신적인 질서(divine order)를 위계적으로 보수(保守)하는 일을 하나님의 일로서 수행해 왔던 것입니다. 그러나 이것은 정체성의 형성을 통한 지배와 배제의 정치에 다름 아니며, 이는 오늘날에도 타자에 대한 배제와 차별의 논리를 정당화하는 정치적 계기로 활용되고 있습니다.

흔히 기독교인들은 기독교로의 개종을 정체성의 변화로 받아들입니다. 이는 다시 말해 한 종교에 속한 배타적 정체성으로부터 다른 종교의 배타적 정체성으로 소속을 이동하는 것을 의미합니다. 근대의 체계에서 선교는 곧 개종을 의미하는 것이었습니다. 선교는 다른 문화와 종교전통에 속한 이들이 그들의 전통으로부터 이탈하여 서구 기독교의 복음이해에 기초한 '기독교'라는 단일한 정체성에로 수렴되는 것을 의미했습니다. 그러므로 정체성의 형성에 있어서 가장 중요한 가치는 바로 '순결성(purity)'이었습니다. '이것 아니면 저것', '이곳 아니면 저곳'이라는 둘 중 하나의 선택의 논리(either or)가 정체성을 형성하는 데 있어서 지배적 이념으로 작동하였습니다. '이것과 저것', '이곳에 있으면서 저곳에 속하는' 혼종적 정체성은 순결하지 못한 까닭에 열등하거나 참되지 않은 것으로 여겨졌던 것입니다. 때문에 기독교인이 되기 위해서는 그가 속한 세계의 전통적 정체성으로부터 급진적으로 이탈하여—은혜 받고 새사람이 되어!—새로운 정체성에 소속된 사람이 되어야 한다는 무의식적 규범이 기독교인의 정체성의 내용의 핵심을 구성하고 있었던 것입니다.

그러나 현대인은 이미 다양한 정체성의 혼종적 구성을 통해 느슨한 자기정체성을 지니고 살아가고 있는 존재라는 사실에 대한 자각이 필요합니다. 기독교인들도 혼종적 정체성을 띠며 살아가고 있으며, 따라서 한국의 기독교인이 '한국적 기독교인'이 되는 것이 필요하다는 의식에 대해서는 크게 이의를 제기하지 않습니다. 반면에 '불교적 기독교인'이 되어야 한다는 주장에 대해서는 종교적 순수성을 문제 삼아 이단 시비를 벌입니다. '자본주의적 기독교인'은 오늘날 비즈니스 선교의 모델로서 권장이 되기도 하지만, '코뮤니즘적 기독교인'은 사회적 금기와 배타적 경계의 대상이 됩니다. 그렇다면, '한국적 기독교인'과 '자본주의적 기독교인'이라는 혼종적 정체성은 환영받는 반면, '불교적 기독교인'과 '코뮤니즘적 기독교인'이라는 혼종적 정체성은 이단시비와 배척의 대상이 되는 까닭은 무엇입니까? 그 이유는 정체성이 (앞서 언급한 바와 같이) 배제와 차별을 위한 정치적 계기로 인하여 형성되고 해체되기를 반복하기 때문입니다. 정체성은 혼종적이며, 어느 한 시대의 특정한 정체성의 역사적 보편성을 주장할 수 없는 것입니다. 그러한 보편적이며 동일적인 정체성을 주장하는 순간, 그것은 우상숭배(idolatry)로 전락하고 맙니다. '아랍-기독교인'인 아민 말루프(Amin Maalouf)의 책의 제목처럼 정체성의 보편성에 대한 집착은 종종 『사람 잡는 정체성』이 되곤 하는 것입니다.

또 하나의 예는 사도 바울에게서 찾아볼 수 있습니다. 우리는 사도 바울을 '최초의 기독교인'으로 생각하는 경향이 있습니다. 그러나 사도 바울은 세상을 떠날 때까지 유대교인으로서의 자기 정체성을 유지했습니다. 사도 바울의 회심은 유대교 전통으로부터의 급진적인 정체성의 이탈을 의미하는 것이 아니었습니다. 그는 예수 그리스도를 만나는 체험을 통해 자신의 종교적 전통 안에서의 소명을 새롭게 발견함으로써 사도로서의 역할을 감당할 수 있었던 것입니다. 바울의 회심 체험의 주된 내용은 하나님의 보편적인 사랑 안에서의 평등의 체험이었습니다. "모두가 그리스도 예수 안에서 하나(갈 3:28)"라는 바울의 선언 속에는 신의 보편적인 사랑 안에서는 서로 다른 정체성이 결코 차별의 계기가 될 수 없다는 보편적 인권 사상의 핵심이 나타나 있습니다. 그가 교회를 핍박하는 사람에서 이방인의 사도가 된 것의 의미는 이러한 보편적 사랑 안에서의 평등이라는 신적 체험에 있지, 유대교에서 기독교로의 정체성의 배타적 범주이동에 있는 것은 아닙니다.

새로운 선교는 단일한 정체성에 대한 요구를 떠나야 합니다. 기독교인이 되기 위한 출발은 기독교적 가르침을 충실히 이행하는 데 필요한 '느슨한 정체성'이면 족합니다. "그렇다면 기독교적 가르침은 무엇인가?"라고 묻고 싶은 이들이 적지 않을 것입니다. 그러나 이러한 질문은 곧장 '정체성의 정치'의 시스템을 작동하는 동력으로 작용하기 마련입니다. 정체성에 대한 규정에 집착하기보다는 복음서로 돌아가 진정한 기독교적 가르침이 무엇인지, 예수 그리스도의 삶과 가르침의 지향점이 어디에 있는지를 곰곰이 자문해 보아야 합니다.

우리는 기독교의 진정한 가르침이 무엇인지를 이미 잘 알고 있습니다. 다만 그것을 특정한 언어적 매개를 통해 정의내리기를 조심스러워 할 뿐입니다. 더 큰 문제는 우리가 기독교의 진정한 가르침이 무엇인지 모른다는 인식론적인 차원의 문제에 있지 않고, 오히려 이를 알고도 행할 마음이 없다는 데 있습니다. 예수 그리스도의 지상명령을 실행하는 데 있어 필요한 것은 확고한 정체성을 형성하는 데 필요한 인식론적 동의가 아닙니다. 우리에게 필요한 것은 무엇보다 타자를 향한 연민의 마음이자, 타자의 고통을 나의 고통으로 삼는 사랑의 실천입니다. 선교신학적인 관심이 여기에 미치지 못한 채 정체성의 배타적 경계를 설정하는 '정체성의 정치'에 함몰되어 타자를 향하여 한 걸음도 나가지 못한다면 그것은 참으로 안

타까운 일이라 해야 할 것입니다. 그러므로 탈근대/탈식민 시대의 새로운 선교신학은 확고한 정체성의 형성에 대한 요청에 응답할 것이 아니라 느슨한 정체성으로 고통당하는 타자와의 연대에 더 많은 관심을 기울여야 합니다. 이념과 종교와 인종과 계급이 다른 이들이 이 세계의 고통의 문제를 위하여 연대할 때 하나님의 나라는 우리에게서 멀리 있지 않을 것이기 때문입니다.

2. 타자에 대한 윤리적 책임

과학적 이성의 가능성에 무한한 신뢰를 보내던 근대 계몽주의적 이성의 빛 아래서 신학은 신에 대한 인식론적 논의로 축소되어 왔습니다. 여기서 '축소'되었다고 말하는 것은 신학이 과학적 합리성에 따른 분화와 전문성의 논리에 따라 신의 존재에 관한 '과학적인 논증'의 성격을 띤 것으로 그 범위가 제한되었기 때문입니다. 엄밀한 의미에서 근대적 세계관에서 '신'은 과학적 연구의 대상이 될 수 없습니다. 데카르트의 인식론에 기초한 근대성의 체계에서 앎의 대상은 수학적 진리로 명확하게 입증이 가능한 대상으로 한정되기 때문입니다.

이러한 신에 대한 과학적 연구의 불가능성에도 불구하고, 오늘날 신학은 대학의 제도화된 분과학문의 체계 안에 자리매김하게 되었습니다. 그것은 신학에 있어서도 '과학적' 사유와 방법론이 요청된다는 의미입니다. 다시 말해, 신에 관한 사유를 주체중심적인 합리적 사유로 전환하지 않으면 안 되는 불가피성에 직면하게 된 것입니다.

근대적 체계에서 신학이 과학적 연구의 방법론에 입각하여 수행해 왔던 '신에 대한 연구'는, 신을 객관적/과학적 대상으로 설정한다는 의미에서 이미 무신론적 경향성을 내포한 것이라고 할 수 있습니다. 인간의 이성적 한계 안으로 수렴된 신은 이미 신적인 속성이 소거된 채 인식 안으로 수렴된 죽은 신의 흔적에 불과하기 때문입니다. 다시 말해 과학적 인식을 통해 신의 '실체'를 밝히는 데 성공했다고 선언하는 순간 그 신은 더 이상 초월적 주체로서의 신이 아니며, 반면에 과학적 인식을 통해 '실체'를 밝힐 수 없는 신은 근대적 체계에서 존재하지 않는 것에 다름 아니기 때문입니다. 그러므로 근대 계몽주의적 이성의 인식론적 탐구를 통해서는 신의 존재를 합리적으로 논증하는 것이 불가능하다는 결론에 이를 수밖에 없습니다. 이 점에서 신을 앎의 대상으로 여기는 인식론적 탐구를 수행하려는 근대 과학적 사고의 시도들은, 결국 신의 죽음을 확인하는 데 이르는 무신론적 사유로 귀결될 수밖에 없습니다.

근대화된 지식의 분화와 전문성을 합리적 체계의 모범으로 여기는 '근대-기계'로서의 대학은 이 점에서 신(학)의 무덤입니다. 여기에 속한 개인은 신에 관한 논의를 근대적 가치체계에 부합하도록 '과학적'으로 수행하면서 이를 객관적인 계측이 가능하도록 수치화된 결과로 산출해야 할 책임을 안고 있습니다. 이것은 근대화의 아이러니가 아닐 수 없습니다. 왜냐하면 과학적 사유와 방법론의 틀로 신에 대한 일상의 사유에 제약을 가하는 것이 불가피하기 때문입니다. 예컨대 신학자는 다른 분과학문의 전공자처럼 이제 자기분야의 '전문가'를 자처하게 되었습니다. '전문가'로서의 과학자의 권위는 그 지식의 전문성에 기인한 것이지, 그의 삶의 윤리적 태도에 기인한 것이 아닙니다. 마찬가지로 과학적 연구를 수행하는 신학전문가로서의 개인은 신에 관한 전공분야의 전문지식으로 인해 권위를 얻게 되는 반면, 지식의 윤리적 실천과 관련해서는 책임이 배제된 상황에 처하게 되는 것입니다.

이것은 결국 신학과 신앙의 분리를 정당화하는 계기를 마련하게 되었습니다. 신학자에게는 이론적인 측면에서 전공분야의 깊이 있는 전문지식을 추구하는 지적인 작업에 충실할 것이 '기본적인' 과제로 요청되는 반면, 타자를 향한 윤리적 책임을 수행하는 역할은 '추가적인' 요청에 머물게 된 것입니다. 그러므로 '근대-기계'의 제도화된 틀 속에서 신학자는 신학적 전문지식이 지향하는 타자에 대한 윤리적 태도를 추가적인 요청으로 여기며, 신에 대한 지식과 그 지식이 내포하는 신적인 삶의 본격적인 분리로 접어들게 된 것입니다. 이것은 선교신학에 있어서도 예외가 아닙니다. 제도화된 '근대-기계'로서의 학술공동체 안에서의 선교신학자의 역할은 선교와 관련된 주제에 '대한' 과학적 분석을 토대로 전문지식의 축적에 기여할 것이 요구되고 있습니다. 반면, 예수 그리스도의 가르침에 보다 가까이 다가가려는 윤리적 삶의 태도에 대한 강조는 전문지식 이후의 추가적인 요청에 머물고 있습니다. 그러므로 근대 계몽주의적 체계 안에서의 선교신학은 무엇보다 선교의 본질과 기원과 근거 등에 대한 인식론적인 측면이 강조될 수밖에 없었습니다.

근대 신학의 인식론 중심의 연구는 선교의 본질과 기원에 대한 인식론적 문제의식을 주된 관심으로 내세우게 되었습니다. 이 점에서 근대 선교에 대한 탈근대/탈식민적 비판의 철학적 초점은 인식론적 본질주의(epistemological essentialism)에 대한 비판적 재고와 깊은 관련을 맺고 있습니다. 이러한 인식론적 본질주의에 대한 비판은 신학과 선교에 대한 새로운 이해를 가능하도록 합니다. 즉, 신학은 인식론적인 엄밀성을 추구하는 증명의 문제가 아니라 예수 그리스도의 삶에 동참하는 것으로서의 윤리적 태도(ethical attitude)와 관련되어 있는 것이라는 사실을 우리에게 일깨워 줍니다. 이러한 의미에서 탈근대/탈식민적 의미에서의 신학은 신을 증명하기 위한(to prove) 인식론적이고 존재론적인 과정에 집중되기보다는 윤리적인 행위를 통해 신을 계속적으로 탐색해 나가는(to probe) 태도와 더욱 깊이 관련된 것이라고 할 수 있겠습니다. 말하자면, 선교의 목표는 타자의 지적인 동의를 얻어내기 위한 인식론적인 동일성의 확장에 있지 않고, 타자와 더불어 그 인식론과 존재론적 한계를 넘어 행동의 연대로 나아가는 것에 초점이 맞추어져야 한다는 주장이 탈근대/탈식민적인 새로운 선교학의 내용이 되어야 한다는 것입니다.

탈식민/탈근대 시대의 새로운 선교는 근대 계몽주의적 이성의 인식론적 탐구 안에서 사멸된 신의 자리의 윤리적 복원을 시도합니다. 그것은 신을 앎의 대상으로 여기는 것이 아니라 윤리적 행위를 통한 '사귐'과 '거리'의 문제로 새롭게 경험하는 것을 의미합니다. 선교는 타자를 향한 신의 사랑과 자비의 행위에 동참함으로써 주체와 타자 사이에 놓인 대상적 사유의 한계를 넘어 그의 고통과 하나가 되는 과정입니다. 이것은 하나님께서 인간의 몸을 입어 이 땅에 오셨다는 성육신의 모범을 선교를 통해 실천한다는 의미를 지니는 것입니다. 하나님은 몸소 인간이 되심으로서 신과 피조물 사이의 '거리'를 완전히 좁히셨습니다. 성육신적인 선교는 타자를 사랑과 자비의 대상으로 설정하는 것이 아니라 그 고통에 동참함으로 하나가 되는 과정입니다. 이것은 주체중심적인 근대성의 패러다임에 입각한 선교를 포기하는 것을 의미합니다. 또한 타자와 더불어 윤리적 책임을 지는 연대의 행위로 선교의 내용이 변화해야 함을 의미합니다. 탈근대/탈식민 시대의 새로운 선교는 타자를 향한 윤리적 책임에 연대하기 위한 노력이 되어야 합니다. 선교가 기독교인들만의 배타적 포교활동이 되어서는 안 되며, 이 세계의 고통당하는 타자의 문제에 대해 윤리적 책임을 주장하는 타종교와 타문화에 속한 이들과의 폭넓은 연대를 통한 상호교류적인 성격의 선교가 되어야 합니다. 이 점에서 선교 신학은 '근대-기계'로서의 대학의 분과학문적 체계 안에 안주해서는 안 되며, 오히려 타자와 가장 먼저 대면하는 선교적 급진성을 신학 안에 회복하여 경계를 넘는 통합적인 사유와 실천에서 타학문과의 적극적인 연대를 이루기 위한 노력을 지속해야 할 것입니다.

3. 우정과 환대의 선교

타자에 대한 윤리적 책임을 향한 연대는 타자의 고통을 대상으로 설정하려는 일체의 행위를 지양합니다. 이것은 영어로 표현하면 그 의미를 보다 잘 드러낼 수 있습니다. 예컨대, 우리의 선교는 대상으로서의 타자를 돌보는 행위(care for the other)가 아니라, 타자의 고통당하는 현실에 동참하여 그와 함께 사랑에 빠지는 행위(falling in love with the other)라고 할 수 있을 것입니다. 대상으로서의 타자를 돌보는 행위 역시 큰 노력과 수고가 따르는 일입니다. 여기에서 중시되는 것은 타자를 '위한' 희생입니다. 그러나 역사적 경험을 통해 확인할 수 있는 사실은 이러한 타자를 '위한' 희생이 결국은 자기애적인 주체중심성으로 회귀된다는 것입니다. 이것은 근대적 사유의 체계가 지닌 주체중심적 사유의 필연적 귀결이기도 합니다.

근대는 데카르트적 '코기토'의 사유에서 출발하기 때문에, 대상을 '위한' 주체의 헌신 역시 결국 주체의 자기중심성을 확장하는 결과에서 벗어날 수 없습니다. 근대성의 이념에 충실했던 서구의 근대 선교사들은 그들의 순수한 신앙적인 확신을 바탕으로 이 세계의 고통받는 타자를 '위한' 헌신을 결단하며 선교사로 파송되었습니다. 그러나 근대 선교의 역사는 선교사들의 타자를 '위한' 순수한 동기에서 비롯된 행위들이 어떻게 유럽중심적 근대성/식민성의 전파와 관련되어 있는지를 잘 보여주고 있습니다. 이것은 선교에 대한 비판적 담론이 선교사들의 헌신적 행위를 비난하는 것으로 귀결되어서는 안 되는 이유를 보여줍니다. 타자를 '위한' 그들의 헌신은 어떤 의미에서는 근대적 패러다임 속에서의 최선의 행위였습니다. 그들의 시대에는 그것 이상의 헌신을 생각할 수 없었기 때문에, 서구의 선교사들은 타자를 '위한' 행위에 자신의 젊음을 내던진 채 '미지의' 세계를 향해 떠날 수 있었습니다. 그러나 이러한 근대 선교의 주체중심성은 탈근대/탈식민적 사유를 통해 극복의 대상이 되고 있습니다. 타자를 위한 주체의 헌신은 그 순수성과 열정에도 불구하고, 결국 자기애(自己愛)적인 주체중심성의 확장으로 귀결될 수밖에 없다는 역사적 교훈을 얻었기 때문입니다. 또한 '미지의' 세계에 속한 타자를 향한 열정은 결국 사이드(Edward W. Said)가 말한 '오리엔탈리즘'(orientalism)에 뿌리를 둔 것으로서, 이 또한 유럽적 주체중심적 사유의 투사라고 할 수 있는 것입니다. 그러므로 탈근대/탈식민적 시대의 새로운 선교는 이러한 비판에 대한 숙고를 통해 근대의 타자를 '위한' 선교로부터 타자와 '함께'하는 선교를 지향하며 나아가야 할 필요가 있습니다.

타자와 함께 하는 선교는 우정(friendship)과 환대(hospitality)의 실천을 그 내용으로 합니다. 선교는 무엇보다 타자와의 우정에 기인한 것이 되어야 합니다. 진리를 배타적으로 소유한 주체의 자기중심성의 포기 없이는 타자와의 진정한 우정이 불가능하다는 사실을 고려할 때, 선교는 무엇보다 먼저 교리적 배타성을 넘어서기 위한 자기정화의 노력에 힘을 쏟아야 합니다. 오늘날 기독교의 선교에 가장 큰 걸림돌이 되는 요소 가운데 하나가 바로 기독교의 교리적 배타성과 기독교인들의 진리에 대한 독선적 태도에 있다는 지적이 나오고 있습니다. 배타성과 독선적 태도를 지니고서 타자와 우정을 논의하자고 하는 것은 타자를 기만하는 행위이며 위선적 태도에 지나지 않는 것입니다.

타자와 함께 하는 우정을 위해서는 주체중심적인 인식의 배타적 경계를 우선적으로 제거하지 않으면 안 됩니다. 진리에 대한 배타적 확신은 주체중심적 진리의 체계로 수렴되지 않는 타자의 타자성을 향한 인식론적 폭력을 정당화하는 기제로 작동하고, 때로 이것은 물리적 폭력으로까지 확대되곤 합니다. 그러므로 주체중심적 확신에 여백을 마련하려는 노력이 선행되어야 합니다. 진리에 대한 나의 확신과 타자의 확신이 충돌하면 전쟁이 일어날 뿐, 우정이 지속되는 것은 불가능하다는 사실에 대한 인식이 필요합니다. 이것은 근대 계몽주의적 세계관에서 중시되어 온 개인의 자유만으로는 타자와의 우정이 불가능하다는 사실을 말해주는 것이기도 합니다. 우정을 위해서는 개인의 자유에 앞선 책임이 요청됩니다. 이 책임은 타자를 향한 책임이기에 앞서, 무엇보다 주체의 중심성을 포기해야 하는 책임을 의미하는 것입니다. 그럴 때 비로소 우리는 타자와 함께하는 우정의 선교를 향해 발을 내딛을 수 있습니다.

또한 타자와의 우정은 타자를 환대하는 선교를 향해 나아갑니다. 환대(hospitality)는 초청(invitation)과 구분하여 이해해 볼 수 있습니다. 초청은 자기중심성의 배타적 경계 안으로 타자를 일시적으로 불러들이는 행위입니다. 초청은 그 대상을 주체가 선택하고 결정한다는 점에서 여전히 주체중심성의 확장에 불과하며, 타자와의 안전한 만남을 보장하는 행위입니다. 타자를 초청하는 주체는 자신과 상이한 외부자로서의 타자의 위험성을 인지할 수 있으며, 따라서 그에 대한 주체중심적 통제가 가능한 영역에로 타자를 제한시킬 수 있습니다. 그러므로 이러한 초청은 비록 환대와 외면적 유사성을 지니고 있다 할지라도, 타자성과 대면하는 방식에 있어서 환대와는 질적으로 다른 차원의 것이라 할 수 있습니다.

반면 환대는 자기중심성의 배타적 경계 안으로 타자를 일시적으로 불러들이는 행위가 아닙니다. 초청이 주체중심적 행위라면 환대는 타자중심적 행위라 할 수 있습니다. 환대는 무엇보다 타자의 '사건적 침입'에 기인합니다. 주체의 동일성의 배타적 테두리 안으로 초청된 바 없는 낯선 타자의 사건적 침입은 주체의 자기동일성을 뒤흔드는 근본적인 경험을 제공합니다. 이때 타자를 환대하는 주체는 위험성에 직면할 수밖에 없습니다. 그가 누구인지, 어디에서 왔는지, 어떤 목적을 지니고 찾아 왔는지 알 수 없기 때문입니다. 우리는 '뜻밖에' 일어난 일들이 주체중심적 삶에 설정해 놓은 배타적 테두리를 뒤흔드는 체험을 삶에서 종종 경험합니다. 이러한 타자성의 '사건적 침입'에 대면하여 주체의 자기동일성은 균열 혹은 붕괴되고, 이로써 주체 '안'에 타자의 자리가 마련되는 것입니다. 이러한 자기동일성의 파괴 없이는 주체와 타자는 영원히 대상적 관계성에 머물 수밖에 없으며, 서로의 배타적 테두리 안에서 수행되는 '초청'의 형식을 통한 일시적 대면으로 타자와의 우정을 제한할 수밖에 없습니다.

그러므로 우정과 환대의 선교는 주체의 자기중심성의 포기를 통한 타자와의 만남을 핵심으로 하며, 이는 새로운 선교의 내용이 됩니다. 선교는 타자를 '초청'하는 행위에 그쳐서는 안 됩니다. 타자의 '사건적 침입'을 '환대'하려는 마음을 지녀야 합니다. 근대 신학적 체계 안에서의 선교는 타자를 단지 '초청'하는데 그쳤기 때문에 자기중심성의 한계를 벗어날 수 없었고, 식민제국주의의 도구로 전락하게 되는 역사적 오류를 범하게 되었습니다. 탈근대/탈식민 시대의 새로운 선교는 주체의 자기동일성과 한계를 넘어서야 합니다. 보다 엄밀하게 말하면, 주체가 '넘어서는' 게 아니라 타자에 의해 '넘어서게 되는' 것입니다. 주체의 자기동일성의 포기는 주체의 의지적 결단에 기인한 것이 아니라 타자의 사건적 침입에 의한 수동적 결과로 일어나게 되는 것이라는 사실을 기억해야 합니다. 새로운 선교는 이러한 타자를 환대함으로써 열리는 수동적 미래를 향한 연대에 참여하는 것이며, 이로써 근대 선교의 배타성을 넘어 이 세계를 향한 하나님의 뜻을 향해 타자와 함께 나아가는 선교가 되어야 할 것입니다.

4. 시장의 자유를 넘어선 하나님 나라의 자유

 탈근대/탈식민 시대의 선교학은 시장의 자유에 앞선 하나님 나라의 자유의 중요성을 강조합니다. 이것은 근대성/식민성의 체계 속에서 개인의 자유와 함께 시장의 자유가 중시되어 왔던 것에 대한 비판을 포함합니다. 근대성/식민성의 체계는 이성적 사유를 추구하는 개인의 자유를 공동체에 대한 책임보다 앞세운 계몽의 시기였습니다. 제도로서의 자본주의는 시장에서 이윤을 추구할 수 있는 개인의 자유에 대한 의식에 뿌리내리고 있습니다. (자유)민주주의 역시 마찬가지로 개인의 자유를 공동체의 자유가 훼손당하지 않는 범위에서 제도적으로 보장하려는 근대적 노력의 한 결실입니다. 말하자면, 자본주의와 (자유)민주주의는 개인의 자유에 대한 계몽주의적 세계관의 토대 위에서 자라난 근대성/식민성의 두 열매라고 할 수 있습니다.

 이 가운데 오늘날 심각한 문제로 제기되고 있는 것은 '시장의 자유'를 중시하는 데에 따른 세계의 빈곤 문제입니다. 빈곤은 남반구에 속한 국가들에서 볼 때에는 근대 자본주의 시장

경제 체제의 출현과 더불어 가속화된 삶의 현실에 다름 아닙니다. 유럽에서의 자본주의의 출현을 위해서는 라틴 아메리카와 아프리카에서의 자원착취와 노예무역을 통한 초기자본의 축적이 불가피했기 때문입니다. 이로부터 오늘날까지도 지속되고 있는 남반부 국가들의 빈곤의 현실은 라틴 아메리카와 아프리카의 선교에 앞장서 왔던 선교신학이 더 이상 묵과할 수 없는 주제입니다. 20세기 들어 출현한 라틴 아메리카의 해방신학은 이러한 세계의 빈곤 문제가 신학에 있어서 더 이상 부수적인 주제가 아닌 핵심적인 과제임을 주장했으며, 비서구신학적 관점에서의 신학적 주장을 본격적으로 전개하는 중요한 계기를 마련했습니다.

빈곤의 문제는 서구 근대성의 체계에 안주하던 신학으로 하여금 그들의 문제의식과는 전적으로 다른 사회, 정치, 문화적 환경에서 제기되는 새로운 질문과 대면하게 했습니다. 예컨대 서구의 신학은 '성인이 된 세계'에서 종교의 필요성에 대한 심각한 문제를 제기한 반면, 제3세계에서는 "인간적이라고 할 수 없는 상황이 지속되는 가운데 하나님은 사랑이시라고 고백할 수 있는가?"라는 질문과 씨름해야 하는 현실이 전개되었습니다. 소위 서구의 신학과 비서구 신학의 질문 자체가 달랐던 것입니다. 남반부 국가들의 현실로부터 제기된 이러한 질문은 서구신학이나 서구에서 수입된 신학으로는 대답할 수 없는 제3세계의 구체적 현실에 뿌리내리고 있는 질문이었습니다. 이러한 제3세계 국가들의 현실에 대한 근대 신학의 응답에 대하여 데스몬드 투투(Desmond Tutu)는 "서구신학은 화려한 대답을 갖고 있지만, 그 대답은 아무도 묻지 않는 질문에 대한 대답"이었다고 일침을 가하고 있습니다. 말하자면, 남반부 국가들에 대한 식민적 착취에 근거하여 성장한 유럽의 근대적 담론이 라틴 아메리카의 식민적 현실을 대변할 수 없다는 문제의식이 바탕이 된 응답이라고 할 수 있습니다.

더욱 심각한 문제는 오늘날의 세계에서 빈곤이 더 이상 남반부 국가들에 한정되지 않는다는 데에 있습니다. 2008년 리먼 브라더스(Lehman Brothers Holdings)의 파산보호 신청으로 본격화된 미국 금융위기 사태에서 볼 수 있듯이, 오늘날 전 지구적인 차원의 빈곤은 군사/경제적 최강대국인 미국의 시민들에게 조차도 안정된 토대를 제공하지 못하는 상황에 이르렀습니다. 부유한 국가의 시민들도 불안한 상황에 처하게 되는 신자유주의적 금융자본주의의 위협은 남반부 국가들에 속한 이들의 삶의 질을 현격하게 악화시키며, 전(全) 지구적 차원에서의 공공의 적으로 부상하게 되었습니다. 이러한 이유에서 오늘날 빈곤의 문제는 근대적 분과학문 체계의 경계를 초월하여 가장 활발한 통합적 논의가 이루어지고 있는 영역 가운데 하나입니다.

이러한 점에서 시장의 자유가 아닌 하나님 나라의 자유를 주장하는 탈근대/탈식민 시대의 새로운 선교신학은 신자유주의적 자본의 지배가 일상화된 세계의 현실에 주목해야 합니다. 하나님 나라의 자유는 민주주의와 자본주의적 가치로 대변되는 개인의 자유에 대한 강조를 넘어 공동체적 자유에 대한 관심으로 나아가야 합니다. 근대성/식민성의 체계에서 개인의 자유는 주체중심성을 강화시키는 역할을 해 왔습니다. 이것은 앞서 언급한 대로 민주주의와 자본주의라는 근대성/식민성의 두 열매로 나타나 오늘날 세계를 지배하는 이념으로 자리매김해 왔습니다. 그러나 자본주의적 시장의 자유가 전 지구적 빈곤의 현실이 된 것과 마찬가지로, 개인의 자유에 초점을 둔 민주주의는 종종 시장의 자유와 더불어 남반부 국가들에 이식됨으로써 경제적 착취를 지속가능케 하는 이데올로기적 토대로 작동해온 측면에 주목해야 합니다. 예를 들어 촘스키(Noam Chomsky)와 하워드 진(Howard Zinn)이 주장하는 바처럼, 1973년 칠레의 피노체트 쿠데타의 사례에서부터 2003년 미국의 이라크 침공에 이르기까지 제3세계의 '자유'를 위한 노력들은 결국 시장의 자유와 (자유)민주주의 제도의 실행을 위한 노력으로 귀결되어 왔습니다. 이는 곧 제3세계 국가들에서 대대적인 민영화 프로젝트를 진행시키도록 부추겼습니다. 그 결과 국가기반시설을 담당하는 공기업의 민영화와 금융시장 개방을 필두로, 제조업과 서비스업을 비롯한 거의 모든 산업에서의 무역장벽 철회가 이들 제3세계 국가들에게 강요되었습니다. 이것은 오늘날 우리의 현실을 돌이켜 봐도 별반 다르지 않습니다. 신자유주의적 시장질서가 단일한 이데올로기로 작동하고 있는 세계에서 자유란 곧 개인의 자유, 보다 구체적으로는 시장의 자유와 자유민주주의 제도적 수용으로 귀결되고 있기 때문입니다. 이러한 현실에 대하여 선교신학은 타자에 대한 책임성을 강조하는 하나님 나라의 삶, 그 대안적 삶의 자유를 주장하지 않으면 안 됩니다.

하나님 나라의 자유를 전하는 선교는 시장의 자유에 대한 우상숭배를 타파하고 개인의 자유를 넘어서는 공동체의 자유를 모색하는 데에 이르러야 합니다. 이 자유는 개인의 자율성을 극대화한다는 의미에서의 타자에 대한 책임성이 배제된 자유가 아닌, 레비나스(Emmanuel Levinas)가 말하는 '어려운 자유'(difficult freedom)에 해당하는 자유입니다. 이 '어려운 자유'는 타자가 지닌 타자성을 환대하며 그와 더불어 거주하는 가운데 생성되는 자유입니다. 이 점에서 '어려운 자유'는 근대적 자유의 개념을 비서구세계에 일방적으로 이식하며 이를 제도화할 것을 강요하고 있는 근대적 자유의 개념을 넘어서있는 것입니다. 근대화된 세계에서 모든 개인은 자유롭습니다. 이 점을 부인하면서 개인이 공동체의 자유에 귀속되어야 한다고 주장하는 전근대적 독재체제로 회귀하는 것은 바람직한 일이 아닙니다. 그러나 근대적 자유가 이상으로 삼아 온 개인의 자유는, 타자에 대한 주체중심적 동일성의 맥락이 제거되지 않은 한 타자를 억압함으로써 지속될 수 있는 자유라는 점에서 그 한계가 명백한 것입니다. 근대적 체계에서 유럽이 식민화에 열을 올리게 된 근본계기를 경제적인 차원이 아닌 인식론적 차원에서 찾는다면, 타자 지배를 통한 주체성의 강화라는 근본의식이 근대성 출현의 결정적 계기가 되었다고 말할 수 있기 때문입니다. 주체의 사유에 근거한 세계에 대한 대상적 이해는 근대성과 식민성이 불가분의 관계에서 협력하도록 만든 근원적 토대가 되어왔습니다. 그러므로 근대성의 자유의 한계를 넘어서기 위해서는 하나님 나라의 자유에 대한 목소리를 더욱 높여야 합니다. 그것은 타자를 지배하지 않는 자유, 타자와 더불어 공존하는 자유, 더 나아가 타자를 자기보다 높이는 타자중심적 사유로의 전환을 의미하는 동시에 타자를 향한 윤리적 태도의 전환을 의미합니다. 구체적인 사례를 들면, 외국인들이 차별 없이 국내에 거주할 수 있는 제도를 마련하는 것과 더불어 그들의 타자성과 공존하려는 노력이 필요합니다. 특히 이슬람권에 속한 이들과 아프리카 이주민들에 대한 편견을 극복하기 위해 노력해야 합니다. 그러나 이러한 노력 역시 주체중심적 의지의 발로에서가 아니라, 그들과의 평화적 공존을 통한 타자성의 체험에 의해 수동적으로 경험되는 것이 되어야 합니다. 주체중심적 사유를 바탕으로 그들을 '위해' 무엇인가를 하겠다는 생각은 결국 자기중심성으로 회귀될

우려를 안고 있기 때문입니다. 이러한 고민들을 일상의 영역 전반에 걸쳐 더욱 구체화하고 이를 통해 하나님 나라의 자유를 실현하는 것이 탈근대/탈식민 시대의 새로운 선교학의 내용이 되어야 할 것입니다.

하나님 나라의 자유는 개인의 주체적인 윤리적 결단에 의한 것이기도 하지만, 타자에 의해 열리는 수동적 세계에 대한 열망에 다름 아닙니다. 인간의 몸을 입고 이 땅에 오신 예수 그리스도의 성육신적인 삶은 하나님의 뜻에 의한 주체중심성의 포기라는 수동성을 그 근본원리에 내재하고 있습니다. 그러나 이러한 수동성 역시 주체의 자기중심성을 포기하려는 의지 없이는 주체 안에 자리매김 될 수 없습니다. 그러므로 하나님 나라의 자유는 주체의 자기중심성의 포기라는 결단에서 시작되어 신의 수동성에 의해 완성되는 세계의 이상을 추구합니다. 인간은 이 세계를 좀 더 나은 곳으로 만들기 위한 모든 노력을 기울일 수 있습니다. 그것은 인간중심적 세계를 포기하고, 우주만물과 더불어 공존하려는 인간적인 노력의 아름다운 조화를 만들어 냅니다. 그러나 인류가 20세기에 이르러 경험하게 된 것은 인간적 의지와 이성적 사유에 대한 추구로 일관해온 근대가 어떻게 타자에 대한 극한의 폭력으로 치닫게 되는가에 대한 반성적 통찰에 다름 아니었습니다.

타자성에 대한 강조는 이러한 근대성에 대한 비판적 사유에서 출현합니다. 하나님 나라의 선교는 이러한 20세기의 인류의 근대성에 대한 통찰을 바탕으로, 타자와 더불어 타자에 대한 윤리적 책임을 지는 평화로운 연대만이 하나님 나라를 이 땅 위에 이룰 수 있는 길임을 체득하는 것입니다. 이것은 근대 계몽주의적 이성의 추구에서처럼 개인의 의지와 결단으로 완수될 수 있는 과제가 아닙니다. 타자에 의한 이끌림, 타자의 사건적 침입에 대한 개방성과 환대를 통해서만 수동적으로 열릴 수 있는 미래적 사건인 것입니다. 그러므로 선교는 이러한 타자와의 평화로운 만남과 공존을 통해 열리게 되는 하나님 나라의 미래를 타자와 함께 꿈꾸는 일이 되어야 할 것입니다. 이것은 '나'의 진리를 '너'에게 일방적으로 전달하려는 노력을 포기하는 것 뿐 아니라, '나'와 '너'가 독립적인 주체로 존재해야 한다는 당위적 명제도 거부하는 것이 되어야 합니다. '나'는 '너'를 통해서만 존재할 수 있고, '너'는 '나'를 통해서만 존재할 수 있다는 타자의 타자성과의 공존과 연대의식이 새로운 선교신학의 사유의 토대를 형성해야 할 것입니다. 그러므로 '나'와 '너'에서 도외시되어 왔던 접속사 '와'에 대한 사유가 본격화되어야 합니다. 접속사 '와'는 '나'와 '너' 사이의 경계를 허무는 타자성의 지평으로 우리를 안내하는 다리이며, 이 접속사의 존재를 통해 '나'와 '너'는 주체와 대상 사이에 멀리 떨어진 근대적 시공간을 넘어 하나가 되는 탈근대/탈식민적 지평에서 서로 만나 연대할 수 있기 때문입니다.

5장

맺음말

이상에서 살펴 본 내용은 근대성에 뿌리 내린 신학에 대한 비판을 통해 근대 선교의 내용을 성찰하고, 탈근대적 선교를 지속가능한 토대 위에 정립하기 위한 시도였습니다. 근대성은 데카르트적인 인식론에 기반하여 타자를 대상화하는 사유를 통해 자기중심성을 강화시키는 방향으로 발전되어 왔습니다. 근대성의 핵심은 과학적 사유라고 할 수 있는데, 이는 합리적 계측을 통해 수학적 진리로 표현될 수 있는 명증성을 지닌 대상만이 지적인 추구의 대상이 될 수 있다는 신념을 체계화하는 체제였다는 점에서 과학 중심주의, 혹은 이성 중심주의의 극단적 세기였다고 말할 수 있을 것입니다.

계몽주의적 이성의 활용이 가져온 삶의 긍정적 측면은 이미 잘 알려져 있습니다. 생각하는 주체의 자율적 의식을 중시하는 사상으로부터 근대의 인권사상이 출현했으며, 이것이

제도로 정착되어 오늘날 민주주주의 체제의 근간을 이루고 있습니다. 오늘날 근대화된 세계에서는 어떠한 개인도 타인이나 공동체를 위한 희생을 강요당할 수 없으며, 개인의 자율성과 인권에 대한 공동체의 존중을 바탕으로 사회의 관계성이 지속되고 있습니다. 또한 개인의 자유는 자본주의 제도의 출현과 더불어 시장의 자유를 보장합니다. 개인적 이윤을 추구하는 활동의 자유가 보장되어야 한다는 생각은 자본주의적 경제에 풍요를 가져왔으며, 더불어 과학 기술의 발전과 함께 인류의 삶의 증진에 기여하였습니다.

그러나 이러한 근대성의 긍정적인 측면과 함께 잊어서는 안 되는 사실이 있습니다. 그것은 유럽의 근대성은 곧 남반부 국가들의 식민성을 전제로 하고 있다는 사실입니다. 그러므로 근대성과 식민성은 서로 분리될 수 없는 '근대성/식민성'의 하나의 개념적 대칭을 이루고 있습니다. 이것은 근대가 뿌리내리고 있는 인식론적 기반이 타자의 타자성을 주체중심성으로 환원시킴으로서만 가능한 토대 위에 있기 때문입니다. 자연과 인간에 대해서뿐만 아니라 신에 대한 사유에 있어서도 근대의 주체중심적 사고는 주체를 위한 타자의 대상화를 자연

스러운 것으로 여기고 있습니다. 신은 인간의 인식 한계 안으로 수렴되는 존재라는 생각을 바탕으로 신에 대한 '인식'과 '개념'의 중요성을 주장하게 되는 배경에는 이러한 타자의 대상화라는 근대성의 이념이 깊이 뿌리내리고 있는 것입니다.

근대성/식민성의 체계에서 선교신학은 이러한 주체중심적 사고의 충실한 전달자의 역할을 수행해 왔습니다. 타자를 '위한' 연민과 동정의 마음에 사로잡힌 근대 서구의 계몽주의적 이성의 자녀인 선교사들은, 타자를 '위한' 순수한 믿음과 열정에 헌신하기 위하여 익숙한 땅을 떠나 '미지의' 땅으로 향하는 모험을 지속해 왔습니다. 그러나 선교사들의 순수한 믿음과 열정은 결과적으로 유럽중심주의적인 이념의 팽창과 식민주의를 정당화하는 종교적 계기를 마련하는 데 일조하게 되었습니다. 그것은 그들의 열정이 부족했거나, 타자를 '위한' 마음이 부족해서가 아니었습니다. 20세기의 타자에 대한 철학적 사유는 오히려 이들의 타자를 '위한' 마음이야말로 가장 큰 문제였다는 반성을 하게 되는 것입니다.

탈근대/탈식민 시대의 새로운 선교학은 타자를 '위한' 행동에서 타자와 '함께' 하는 윤리적 책임의 연대로 나아가야 합니다. 타자를 위한 행동은 주체의 중심성을 포기하지 않는 주체중심적 사유와 실천의 연장입니다. 이것은 타자를 자기의 익숙한 토대로 초청(invitation)하지만, 타자의 타자성을 환대(hospitality)하는 데에까지 나아가지는 않습니다. 지켜야 할 본질주의적이고 배타적인 자기 경계가 뚜렷하기 때문입니다. 여기에서 정체성의 정치(the politics of identity)가 생겨납니다. 타자에게 자기중심적 정체성을 부여하고, 이로써 타자를 주체를 위한 지배와 종속의 자리에 머물게 하려는 온갖 시도가 정당화되는 계기가 마련되는 것입니다. 근대적 인식론에 기초한 주체중심적 선교는 결코 타자에 대한 억압과 배제를 의도하지 않았지만, 그것은 남반부 국가들에 대한 식민 지배를 정당화는 결과로서 나타났으며, 오늘날에도 신자유주의적 시장의 자유를 선교의 미명하에 전파하는 행위를 통해 지속되고 있는 것입니다.

탈근대/탈식민 시대의 선교는 타자와 '함께' 윤리적 지평을 열어가는 행위에 동참하는 것이 되어야 할 것입니다. 그러나 이것은 인간의 의지와 이성에 대한 신뢰에만 기반한 것이 되어서는 안 됩니다. 그것은 타자의 '사건적 개입'에 의해 열리는 수동성에 이끌리는 것으로 완수되는 과제가 되어야 합니다. 주체의 자기중심성은 모든 주체가 그것을 완전히 벗어버릴 수 없다는 것을 감안할 때, 이러한 타자의 수동적 개입에 이끌리는 데로 인도하기 위한 역할에 머물러야 할 필요가 있습니다. 즉 하나님의 사랑과 자비의 마음을 담아 이 세계를 향한 하나님의 선교에 동참하는 행위에 적극 나서되, 그 내용과 실행의 구체적인 측면에 있어서는 주체중심의 주도권을 철저히 포기하기 위해 노력해야 함을 의미합니다. 근대적 패러다임 속에서 선교는 '복음의 씨앗을 뿌리는 행위'로 인식되었지만, 탈근대/탈식민적인 새로운 선교에서는 오히려 '행위를 통한 복음적 실천'이 되도록 노력해야 합니다.

우리가 뿌려야 하는 복음의 씨앗은 근대성의 이념에 뿌리내린 유럽 중심적 기독교의 우월적 개념의 전파가 아닙니다. 그것은 주체중심적 사유를 포기하는 타자의 타자성과의 사건적 만남을 추구하는 것이며, 이로써 타자를 향한 윤리적 책임을 수행하기 위한 노력에 겸손히 연대하는 것이 되어야 할 것입니다. 근대성의 이념의 종말 이후에도 선교는 지속되어야 합니다. 선교하지 않는 교회, 타자를 향한 선교신학적 지향점이 퇴색된 신학은 이미 맛을 잃어버린 소금에 지나지 않기 때문입니다. 근대성의 과학 중심적 사유 속에서 죽은 '신의 무덤' 위에 피는 한 송이의 신학적 꽃이 있다면, 그것은 타자를 향한 선교신학적 관심 속에서 피어나는 꽃이 될 것이라고 믿습니다.

연세신학문고 9

타자를 향한, 타자와 함께하는 선교
— 21세기 포스트모던 선교신학

2016년 11월 2일 인쇄
2016년 11월 9일 발행

지은이 | 방연상
펴낸이 | 김영호
펴낸곳 | 도서출판 동연
편　집 | 박연숙 디자인 | 황경실 관리 | 이영주
등　록 | 제1-1383호(1992년 6월 12일)
주　소 | (우 03962) 서울시 마포구 월드컵로 163-3
전　화 | (02) 335-2630
팩　스 | (02) 335-2640
이메일 | yh4321@gmail.com / h-4321@daum.net

Copyright © 연세대 한국기독교문화연구소, 2016

이 책은 저작권법에 따라 보호받는 저작물이므로, 무단 전재와 복제를 금합니다.
잘못된 책은 바꾸어 드립니다.
책값은 뒤표지에 있습니다.

ISBN 978-89-6447-318-4 03200
ISBN 978-89-6447-230-9 03200(세트)

연 세 신 학 문 고

한국교회와 평신도 신학 정립을 위한
〈연세신학문고〉 시리즈

〈연세신학문고〉는 신학이 있는 한국교회 그리고 평신도 신학의 정립을 위해 연세대학교 신학과와 동연이 함께 펴내는 신학 시리즈이다. 현재까지 1권: 제3시대와 요한복음(유동식), 2권: 바울의 마지막 여행(유상현), 3권: '묻지마 믿음' 그리고 물음 – 아주 열심히 믿는 분과 도저히 못 믿겠다는 분을 위하여(정재현), 4권: 사도신경: 믿음의 알짬(손호현), 5권: 주기도문(서중석), 6권: 안티 기독교 뒤집기(허호익), 7권: 이단은 왜 이단인가 ― 이단 기독교 바로 알기(허호익), 8권: 한국교회사에 묻는 열일곱 개 질문(박종현), 9권: 타자를 향한, 타자와 함께하는 선교 ― 21세기 포스트모던 선교신학(방연상), 10권: 종교개혁이란 무엇인가(이양호)이 출간되었고, 향후 성령과 펜타코스탈 신학, 웨슬레의 회심과 감리교, 산상수훈, 치유상담, 생태신학 등 10여 권이 기획되어 있다.